Survival-Guide
für alle Fälle

Herbert Rhein • Günter Angermann

SURVIVAL-GUIDE

für alle Fälle

Überleben in freier Natur

GONDROM

Inhalt

Aussteigen aus der Zivilisation

Touren in die Wildnis werden immer beliebter. Die Zuwachsraten bei den Ausrüstern und Veranstaltern sprechen eine deutliche Sprache. Und wer von uns hat nicht schon einmal davon geträumt, die Segnungen und Quälgeister der modernen Zeit – Handy, Laptop, Internet – hinter sich zu lassen, um nur mit Rucksack und Kanu die Einsamkeit der Rocky Mountains zu durchstreifen? Wer möchte nicht am Lagerfeuer sitzen, den vielfältigen Melodien der unberührten Natur lauschen und den nicht von Smog getrübten Sternenhimmel auf das Gemüt wirken lassen?

Träume Realität werden lassen

Solche Träume sind berechtigt. Es sind seltsam erregende und beglückende Gefühle, die einen durchströmen, wenn man lautlos mit dem Kanu durch den Morgendunst gleitet und am Ufer einen Elchbullen äsen sieht oder einen Bären entdeckt, der sich seinen Speck für den Winter anfrisst.

Damit solche Erlebnisse eine lebenslange Erinnerung bleiben und nicht in einer Katastrophe enden, muss jeder, der seinen Fuß in die Wildnis setzt, sich bewusst und darauf vorbereitet sein, dass er eine ihm völlig fremde Welt betritt.

Wir haben verlernt, mit der Natur zu leben

In unserer hoch zivilisierten Welt kennen wir kaum noch lebensbedrohende Katastrophen, und wenn, dann betrachten wir sie zumeist mit einem leichten Gruseln im Fernsehen.
Sollten sie uns trotzdem einmal heimsuchen, dann werden die Folgen von einem Netz von Versicherungen, staatlichen Unterstützungen oder nachbarschaftlichen Hilfen abgefedert.
Natur – also Wildnis – erleben wir nur aus der Sicht Hollywoods im Kino oder im Fernsehen. Wilde Tiere erfahren wir von Kind an als mitfühlende, mitdenkende, allzeit hilfsbereite, vermenschlichte Walt-Disney-Kreaturen. Selbst im Zoo erscheinen uns Löwen, Eisbären, Grizzlybären und Wölfe wie tapsige Tiere, mit denen man kuscheln möchte.

Die Wildnis ist gnadenlos

Die Wildnis, unabhängig ob Wüste, Berge, Seen, Savanne oder Busch, ist jedoch gänzlich anders. Hier gibt es kein Netz, das einen im Notfall auffängt. Hier kann jeder Fehler zur Katastrophe führen und sogar tödlich sein.

* Kentern Sie mit einem Kanu z.B. auf dem Mackenzie River in den Northern Territories in Kanada, dann haben Sie selbst im Sommer nur Überlebenschancen, wenn es Ihnen gelingt, am Ufer sofort ein Feuer zu entzünden, um den unterkühlten Körper zu erwärmen.
* Auch Bären, Pumas oder Wölfe, die Sie angreifen, haben nur ein Ziel: Sie zu töten, entweder weil sie in Ihnen eine Gefahr sehen oder weil sie wieder für einen Tag gesättigt sein wollen.

Was heißt »Survival« in der Wildnis?

Machen Sie sich frei von der Vorstellung, wie ein Rüdiger Nehberg mit kaum mehr als den Händen abseits der Zivilisation bestehen zu können. Wenn Sie so die Wildnis betreten, sind Ihre Überlebenschancen gleich null. Wir sind weder Indianer noch Trapper, die einst mit der Natur und ihren Gefahren auf du und du lebten. Wir können nur überleben, wenn wir uns gründlich auf den Aufenthalt in der Wildnis vorbereiten und das beginnt bereits in der Planungsphase. Jeder Schritt ist zu durchdenken und jede Maßnahme, die im weitesten Sinne der Sicherheit dient, muss ergriffen werden.

Was Ihnen dieser Ratgeber bietet

* Der Survival-Guide zeigt Ihnen in einer quasi Schritt-für-Schritt-Anleitung, was Sie während der Vorbereitung tun müssen, wie Sie sich im Gelände verhalten sollten und welche Maßnahmen zum Überleben Sie in kritischen Situationen ergreifen müssen.
* Dieser Ratgeber ist jedoch keine »Bibel«, die es Wort für Wort abzuhaken gilt. Neben allen Sachinformationen soll er Sie zum Nachdenken anregen, damit Sie Ihre Tour auf Ihre individuellen Bedürfnisse optimieren. Wenn Sie das beherzigen, haben Sie alle Chancen, in der Wildnis zu überleben und Ihren Aufenthalt zu einem schönen Erlebnis werden zu lassen.

Gefahren der Wildnis

Dem Anfänger, der in der freien Natur Erholung und Nervenkitzel sucht, stehen heute nahezu unbegrenzte Informationen sowie hoch entwickelte Bekleidung, Ausrüstung und Notverpflegung zur Verfügung. Dennoch ist Erfahrung nach wie vor der beste Lehrmeister, um in kritischen Situationen in der Wildnis bestehen zu können. In Krisen richtig zu reagieren hängt von einer fundierten Schulung und Ausbildung ab.

Vorbereitung ist lebenswichtig

Jeder muss sich der Gefahr bewusst sein, dass alles, was er gehört oder gelesen hat, auch ihm selbst zustoßen kann. Wer geistig und körperlich vorbereitet ist, hat die besseren Überlebenschancen. Um in einer Notsituation zu bestehen, muss man fähig sein, richtige Entscheidungen zu treffen, Notlösungen zu finden und Ruhe zu bewahren. Die wichtigsten Faktoren für das Überleben in der Wildnis sind jedoch die Fähigkeiten, ohne zu zögern die Existenz einer Notlage wahrzunehmen und schnell und sachgerecht zu handeln. Untersuchungen haben gezeigt, dass das persönliche Auseinandersetzen mit Überlebensstrategien den eigenen Willen erheblich steigert, eine kritische Situation zu meistern.

Die Angst kontrollieren ...

Furcht und Angst sind natürliche Reaktionen eines Menschen, der mit einer Notsituation konfrontiert ist, die seine Grundbedürfnisse gefährdet. Angst beeinflusst das menschliche Verhalten auf vielerlei Weise.

* Weitet Angst sich zur Panik aus und beeinträchtigt sie die Aufnahme- und Urteilsfähigkeit, kann sie die Überlebenschancen deutlich verkleinern.
* Steigert Angst jedoch die Aufmerksamkeit und Wachsamkeit, trägt sie dazu bei, die Überlebenswahrscheinlichkeit des Menschen zu erhöhen.

... nicht verdrängen

Die Existenz einer Gefahr zu verdrängen, ist kein geeignetes Mittel, die Angst zu bekämpfen und der Gefahr zu begegnen. Es gibt immer eine Möglichkeit, die bestehende Situation zu verbessern. Sie gilt es zu erkennen und in die Tat umzusetzen. Wie ein Mensch mit seiner Angst umgeht, hängt mehr von ihm selbst als von der Situation ab. Wichtig ist, dass er rechtzeitig lernt, seine Angst unter Kontrolle zu halten. Dazu muss er erkennen, dass es hauptsächlich Hilflosigkeit und Verzweiflung sind, die die Angst bis zur Panik steigern. Vertrauen in die eigenen Fähigkeiten und in die Ausrüstung, sowie Konzentration auf die notwendigen Arbeiten sind Faktoren, die helfen, die Angst unter Kontrolle zu bringen.

Die 7 Feinde des Überlebens

Schmerz

Schmerz ist ein Hinweis der Natur, dass etwas nicht so ist, wie es sein sollte. Er wird in einer Paniksituation von dem Verletzten häufig nicht geäußert, weil der Adrenalinausstoß das Schmerzempfinden betäubt. Deshalb muss ungeachtet von Schmerzempfindungen der Wundversorgung vor allen anderen Maßnahmen Vorrang gegeben werden, damit sich der Zustand des Verletzten nicht durch fehlende Behandlung verschlimmert.

Kälte

Kälte stellt eine weitaus größere Gefahr für das Überleben dar als dies meist angenommen wird. Sie senkt das Urteilsvermögen, betäubt den Körper und vermindert den Willen zum Überleben. Wichtige Verrichtungen unterbleiben, weil sich das Denken ganz darauf ausrichtet, wieder warm zu werden. Wenn die Kälte vom Körper Besitz ergreift, darf man auf keinen Fall stehen bleiben (auch nicht für eine kleine Rast, nach der man sich so sehnt) oder sich zum Schlafen hinlegen, es sei denn, ein angemessener Kälteschutz verhindert, dass man nicht mehr aufwacht.

Durst

Dehydrierung ist eines der häufigsten Symptome in einer Notsituation. Flüssigkeitsmangel stumpft ab und vermindert die Aufnahmefähigkeit. Man kann leicht vergessen, dem Körper regelmäßig Flüssigkeit zuzuführen. Man kann nie zu viel, sondern nur zu wenig Wasser trinken.

Hunger

Hunger ist gefährlich, aber selten tödlich. Er kann das logische Denkvermögen herabsetzen und gemeinsam mit dem Durst die Wirkung von Kälte, Schmerz und Furcht verstärken.

Erschöpfung

Sie ist in einer Notsituation beinahe unvermeidlich. Man muss ihr mit Willensstärke begegnen. Schon eine leichte Form von Müdigkeit oder Erschöpfung wirkt sich nachteilig auf die Urteils- und Wahrnehmungsfähigkeit aus, alles wird gleichgültig. Man befindet sich dadurch in höchster Gefahr. Erschöpfung ist nicht nur eine physische, sondern oft auch psychische Reaktion. In einer schwierigen oder hoffnungslosen Lage wirkt sie als Verdrängungsreaktion und macht sie dadurch erst recht tödlich.

Langeweile, Einsamkeit

Beide Faktoren sind so gefährlich, weil man nicht mit ihnen rechnet. Die Gefühle machen sich schleichend breit, wenn nichts geschieht, wenn man etwas erwartet und nichts eintritt oder wenn man still auf sich allein gestellt ausharren muss. Sie reduzieren das kritische Urteilsvermögen erheblich und sind der Nährboden für Mutlosigkeit und Angst.

Wildnis – was ist das?

Jeder hat seine eigenen Vorstellungen vom Begriff »Wildnis« und verbindet mit Dschungel, Wüste, Packeis usw. ganz spezielle Gefahren. Die Wildnis und ihre Gefahren sind jedoch unserer Zivilisation viel näher als die meisten sich vorstellen können. Deshalb steht mancher, der seinen vertrauten Bereich nur für einen kleinen Ausflug verlässt, sowohl geistig als auch materiell unvorbereitet vor Gefahren, die er kaum oder nicht mehr zu meistern vermag.

Definition von Wildnis

Eine unter Insidern weitgehend gebräuchliche Definition erklärt den Begriff am besten. Danach ist Wildnis eine weitgehend unberührte Natur, in die sich der Mensch allein oder als Gruppe mit sehr begrenzten Hilfsmitteln begibt. Sie ist von Menschen unbewohnt oder so dünn besiedelt, dass eine Begegnung fast ausgeschlossen ist. Kommunikation mit der Außenwelt mit gewohnten Mitteln ist nicht möglich. Lebensmittel müssen entweder mitgeführt oder aus der Natur gewonnen werden. Ziel für jeden Besucher ist es, bei einem ungewollten Aufenthalt möglichst rasch, bei einem geplanten zum vorgegebenen Zeitpunkt unversehrt in die gewohnte Umgebung, sprich: Zivilisation, zurückzukehren.

Der Mensch in der Wildnis

Warum muss der Mensch so viele Vorkehrungen treffen, um einen Aufenthalt in der Wildnis unbeschadet zu überstehen und zu genießen? Zahlreiche Tiere bewegen sich in derselben Umwelt mit großer Selbstverständlichkeit und Sicherheit. Wir Menschen haben im Lauf der Entwicklung vieles gelernt – leider ist ein Großteil dieser Kenntnisse unbrauchbar, wenn wir die Zivilisation hinter uns lassen. Unsere Sinne sind verkümmert.

Sehen

✱ Das Auge des Menschen ist im Vergleich zu den meisten Säugetieren mäßig entwickelt. Es ist weit entfernt vom scharfen Auflösungsvermögen, mit dem beispielsweise Raubvögel ausgestattet sind.

✱ Das Farbsehvermögen des Menschen ist recht gut entwickelt. Schalenwild soll dagegen nicht imstande sein, Farben zu erkennen. Deshalb werden die bunten Kopfbedeckungen, wie sie nordamerikanische Jäger oft tragen, vom Wild nicht erkannt. Der Jäger wird aber von seinen Kollegen gesehen und nicht für jagbares Wild gehalten.

Hören

✱ Die Fähigkeit, Geräusche wahrzunehmen, ist beim Menschen begrenzt. Unsere Ohren sind eher kümmerlich und können nicht bewegt werden. Die Ohren der meisten Säugetiere sind wesentlich größer im Verhältnis zur Größe des Kopfes und können unabhängig voneinander bewegt werden.

✱ Das menschliche Gehör ist schwach – vom Elch sagt man, dass er das Ticken einer Armbanduhr aus 100 m Entfernung hören kann. Tatsache ist, dass ein Elchbulle den Ruf einer Elchkuh während der Brunftzeit über viele Kilometer hört. Der Mensch kann diesen Ruf in absoluter Stille nur über einige hundert Meter wahrnehmen. Darüber hinaus ist der Elch in der Lage, den Ort des Rufes so genau zu bestimmen, dass er ihn auf den Punkt genau findet.

Riechen

Der Geruchssinn des Menschen ist der schwächste unter den Sinnen. Für die Tiere in freier Wildbahn ist ein ausgeprägter Geruchssinn nicht nur als Warnung vor Gefahren unerlässlich, sie benötigen den Geruchssinn auch zur Nahrungssuche. Schalenwild kann z.B. Wasser über einige Kilometer hinweg riechen.

Instinkt

* Den größten Nachteil gegenüber Tieren hat der Mensch, weil er das instinktive Verhalten, das allen höher entwickelten Tieren eigen ist, verloren hat.
* Ohne Wettervorhersage suchen Tiere Schutz, wenn ein Sturm oder Unwetter naht – lange bevor sichtbare Zeichen darauf hinweisen. Oder sie verlassen fluchtartig ein Gebiet, das bald von einem Erdbeben heimgesucht wird.

Die Jahreszeiten

In den gemäßigten Zonen der Erde sind die 4 Jahreszeiten deutlich ausgeprägt. Ihre Besonderheiten bringen auch besondere Gefahren mit sich, die der Wanderer kennen muss, um sich entsprechend zu verhalten. Manche Naturereignisse können das ganze Jahr über beobachtet werden. In diesem Abschnitt werden sie der Jahreszeit zugeordnet, in der ihr Auftreten besonders wahrscheinlich ist.

Das Frühjahr

Hauptmerkmal dieser Periode ist die Unbeständigkeit. Sie ist eine Übergangsphase von der Ruhe in der Natur zu der Wachstums- und Aktivitätsperiode. Man kann sich im Frühjahr innerhalb weniger Tage in den Winter zurückversetzt sehen oder unter sommerlicher Hitze leiden.

Schneeschmelze

* Schmelzwasser ist wichtig, um neues Wachstum zu ermöglichen. Schmilzt der Schnee in höheren Lagen infolge eines Wärmeeinbruchs sehr rasch, können die herabstürzenden Wassermassen die tieferen Lagen in eine Wasser-, Schlamm- und Geröllwüste verwandeln.
* Ausgetrocknete Bachbetten verwandeln sich in reißende Ströme, Rinnsale werden zu unüberwindlichen Hindernissen. Der kleine Bach, den man noch auf dem Hinweg trockenen Fußes durchqueren konnte, ist über die Ufer getreten. Das Wasser ist schlammig und gelegentlich sichtbar werdende Baumstümpfe und Stämme lassen die Gefahr erahnen, die sich in den Strudeln und Wirbeln verbergen.
* Einfache Brücken, sonst geeignet, um Allradfahrzeugen das Überqueren zu ermöglichen, verschwinden spurlos und zwingen zur Rückkehr.

☞ **Verhalten bei Schneeschmelze:** Ob zu Fuß oder mit dem Geländefahrzeug, es heißt, eine Entscheidung zu treffen: umkehren oder weiterfahren. Die Entscheidung will wohl überlegt sein, alle relevanten Faktoren sind zu berücksichtigen.

➤ Ist man schon nah am Ziel und das Wetter verspricht kühler zu werden, kann man die Situation »aussitzen«, vorausgesetzt Ausrüstung und Vorräte erlauben dies. Falls die Topografie es ermöglicht, ist ein Ausweichen in höhere Lagen ratsam, um dem Sammelbecken unbekannter Wassermassen zu entkommen.

➤ Auf keinen Fall darf ein Gewässer mit einem Fahrzeug durchquert werden, ohne dass der Übergang zuvor geprüft wurde, auch wenn dies bedeutet, dass man nasse Füße bekommt. Schon viele Trekker sind trotz Allrad und Vollgas im Bachbett stecken geblieben.

➤ Ist man sich seiner Sache nicht sicher, ist Umkehren nie falsch. Aber dies muss dann beherzt und ohne Zeitverzug geschehen, da es sein könnte, dass auch der Rückweg abgeschnitten wird.

Wie kann man sich helfen?

- Einige unserer Unzulänglichkeiten können wir durch den Intellekt und Hilfsmittel kompensieren.
- Ferngläser lassen uns Gegenstände wahrnehmen, die dem bloßen Auge verborgen bleiben.
- Mit Audioverstärkern lässt sich das Gehör verfeinern.
- Für den Instinkt gibt es aber keine technische Lösung. Der Mensch muss seine Lernfähigkeit einsetzen und Erfahrungen sammeln. Er muss auf Informationen zurückgreifen, die von anderen bereit gestellt werden, und durch Üben Neuland in bekanntes Territorium umwandeln.

Regen und Nässe

Niederschläge im Frühjahr bieten dem Wanderer alles: nassen Schnee, Graupel, Hagel und sintflutartige Regengüsse.

Verhalten bei Nässe: Es ist unter allen Umständen zu vermeiden, bis auf die Haut nass zu werden. Entsprechende Schutzbekleidung ist ein Muss!

➤ Heftige Regenfälle sind oft nur von kurzer Dauer, so dass es sich empfiehlt, natürlichen

Schutz zu suchen. Überhänge oder Höhlen sind ideal, leider sind sie meist nicht vorhanden, wenn man sie braucht.

➤ Bäume bieten für Stunden Schutz, wenn man sich nah an den Stamm stellt. Insbesondere Nadelbäume, deren Äste schräg nach unten wachsen, leiten das Wasser nach außen ab.

Der Sommer

✱ Die meisten Ausflüge in die Wildnis finden in dieser Jahreszeit statt. Die Tage werden von der Tag- und Nachtgleiche im März an immer länger, bis uns im Juni die Sommersonnenwende die kürzeste Nacht beschert. Je weiter wir uns nach Norden bewegen, umso kürzer werden die Nächte. Das geht so weit, dass die Sonne am Polarkreis (66° 33′) am längsten Tag gar nicht untergeht.

✱ Obwohl die Vorteile des Sommers auf der Hand liegen, birgt er auch Risiken und Gefahren.

Hitze

Verhalten bei Hitze: Bei körperlicher Anstrengung wird Wärmeenergie freigesetzt, die an die Umgebung abgegeben werden muss. Entsprechend luftige Kleidung erleichtert dies; gleichzeitig wird vermieden, dass der Körper durch Absonderung von Schweiß zur Selbsthilfe greift, um sich mit Verdunstungskälte zu kühlen.

➤ Wird eine Rast eingelegt oder ist das Tagesziel erreicht, ist feuchte Unterbekleidung nicht nur unangenehm, sie kann gefährlich werden, denn sie entzieht dem Körper Wärme: Man beginnt zu frieren.

Sonneneinstrahlung

Verhalten bei Sonne: Steigt die Sonne, ist ein Kopfschutz zwingend erforderlich, denn der Kopf ist sehr empfindlich gegen extreme Temperaturen, da er keine Isolierschicht hat.

➤ Unbedeckte Körperteile sollten immer mit wirksamer Schutzcreme bedeckt werden, zumindest bis der Körper durch Bräunung einen gewissen Eigenschutz entwickelt hat. Ein Sonnenbrand am Oberkörper ist nicht nur unangenehm und schmerzhaft, er kann gefährlich werden, wenn er den Körper durch Fieber schwächt und durch Schlaflosigkeit verhindert, dass der Körper die nötige Ruhe und Erholung erhält.

Waldbrände

In jedem Jahr fallen riesige Waldflächen dem Feuer zum Opfer, meist durch Blitzschlag oder menschliche Unachtsamkeit. Jedes Feuer benötigt 3 Elemente: Brennstoff, Sauerstoff und Wärme. Der Wald liefert reichlich Brennstoff, die Umgebungsluft den Sauerstoff und der Zündfunke kommt vom Menschen oder aus der Natur. Dabei ist es nicht immer das nicht ordnungsgemäß gelöschte Lagerfeuer oder die unachtsam weggeworfene Zigarettenkippe. Ein Stück Glas einer zerbrochenen Flasche kann bei geeigneter Sonneneinstrahlung wie ein Brennglas wirken und den Waldboden entzünden.

Verhalten bei Feuer: Maßgeblich für die Richtung und die Geschwindigkeit, mit der sich ein Feuer ausbreitet, ist der Wind. Ein Waldbrand hat das Bestreben, sich hangaufwärts auszubreiten. Der Wind trägt den Rauch über eine große Distanz mit sich und gibt so eine frühzeitige Warnung.

➤ Profis, die hauptberuflich Waldbrände bekämpfen, raten, die Gefahrenzone so rasch wie möglich zu verlassen. Wann immer das Gelände dies zulässt, ist eine Richtung quer zur Windrichtung einzuschlagen.

➤ Bei starkem Wind kann es unmöglich werden, dem Feuer davonzulaufen. Dann hilft nur ein mutiger Entschluss: sich dem Feuer zuzuwenden. Der sicherste Platz bei einem Waldbrand, der schon eine Weile tobt, ist dort, wo das Feuer den Brennstoff schon verzehrt hat. Mit großer Umsicht muss eine Stelle ausgesucht werden, an der das Feuer um eine Lichtung oder eine Stelle mit niedrigem Bewuchs herum brennt.

➤ Bevor man sich dem Rauch nähert, sollte ein Handtuch oder ein Reservehemd in Wasser getaucht werden, um als Atemmaske zu dienen, während man die Brandzone durchläuft.

➤ Eine Gruppe muss unbedingt zusammenbleiben, wenn nötig, hält man sich am Gepäck des Vordermannes fest.

➤ Sobald man die Gefahrenzone hinter sich gelassen hat und den Rückweg angetreten hat, muss jede Anstrengung unternommen werden, das Feuer zu melden, damit umgehend Löschmaßnahmen eingeleitet werden können. Dabei sollte niemand davon ausgehen, dass dies schon jemand anderes getan haben könnte.

Gewitter

✱ Zu jedem Zeitpunkt toben etwa 2000 Gewitter auf unserer Erde, 16 Millionen pro Jahr. Alle erzeugen Blitze. Die Gewitter dauern durchschnittlich 30 Minuten und haben einen Durchmesser von rund 24 km.

✱ Neben Blitzschlägen verursachen Gewitter Überschwemmungen, Hagel und Stürme, die Tornadostärke erreichen können. Obwohl Tornados die heftigsten Stürme in der Natur sind, fordern Überschwemmungen und Blitzschläge jedes Jahr wesentlich mehr Opfer.

✱ Der Blitzkanal ist sehr schmal, nur etwas stärker als ein Bleistift. Wenn die elektrische Energie durch diesen engen Tunnel fließt, erhitzt sich die Luft darin schlagartig. Sie erreicht Temperaturen bis zu 33 000 °C – die 5fache Temperatur der Sonnenoberfläche.

✱ Nicht immer wird der Blitz von Regen begleitet. Er kann bis zu 16 km vom Zentrum des Gewitters zuschlagen. Ist Donner zu hören, besteht immer die Gefahr, dass man vom Blitz getroffen werden kann. Der Blitz breitet sich unvergleichlich schneller aus als der Donner. Um die Entfernung eines Blitzeinschlags zu ermitteln, zählt man die Sekunden von der Wahrnehmung des Blitzes bis zum Eintreffen des Donners. Beträgt die Zeitdifferenz weniger als 30 Sekunden, sollte man eine Schutzzone aufsuchen.

Verhalten bei Gewitter: Durch rasches und richtiges Verhalten lässt sich die Gefahr, vom Blitz getroffen zu werden, deutlich vermindern.

➤ Befindet man sich in einem Boot oder als Schwimmer im Wasser, so ist beim leisesten Anzeichen eines Gewitters das Ufer anzustreben. Als Schutz empfiehlt sich eine niedrig gelegene Stelle abseits von einzeln stehenden Bäumen oder anderen Erhebungen.

➤ Wird man im Wald überrascht, sollte man Schutz unter niedrigen Bäumen suchen.

➤ Es ist ein weit verbreiteter Irrtum, dass Gummisohlen vor Blitzschlag schützen. Wirksamen Schutz bietet ein Faraday'-

käfig, z.B. die Metallhülle eines geschlossenen Fahrzeugs, solange man kein Metall berührt.
➤ Es ist nicht gefährlich, das Opfer eines Blitzschlages zu berühren. Die irrige Annahme, sie seien elektrisch geladen, hat zu vielen unnötigen Todesfällen geführt, da nicht rechtzeitig mit Erste-Hilfe-Maßnahmen begonnen wurde. Hat der Puls oder die Atmung ausgesetzt, ist sofort mit der Wiederbelebung zu beginnen. Herzstillstand ist die häufigste Todesursache nach einem Blitzschlag. Andere Wirkungen sind: Verlust des Seh- oder Hörvermögens, Erinnerungsverlust, Verwirrung oder Herzrhythmusstörungen. Schwere Verbrennungen sind dagegen sehr selten. Zu den Langzeitwirkungen zählen Schlafstörungen, Beklemmungsgefühle und verschiedenartige Schädigungen des Nervensystems.

Der Herbst

Im Herbst werden die Tage kürzer und die Temperaturen sinken. Die Nächte sind kühl, manchmal schon mit Frost, und es kommt oft zu dichtem Morgennebel. Die Natur verfärbt sich zu einer grandiosen Farbpalette. Immer mehr Menschen zieht es in die Wildnis, um die Farbenpracht und die Stimmung der Natur zu genießen. Gewässer, die im Frühjahr wegen ihres schnell wechselnden Wasserstandes während des Wanderns viel Kopfzerbrechen verursacht haben, sind auf ihrem Tiefstand.

Nebel

✱ Nebel behindert nicht nur die Sicht, er dämpft zudem Geräusche und erschwert wegen fehlender Bezugspunkte die Richtungsorientierung.
✱ Nebel bedeutet immer extrem hohe Luftfeuchtigkeit. Bei weiterem Absinken der Temperatur gibt der Nebel die überschüssige Feuchtigkeit in Form von Niederschlag ab, der den ganzen Körper sowie die Ausrüstung bedecken kann.

Verhalten bei Nebel: Da feuchte Kälte stärker empfunden wird als trockene, sollte zusätzliche Kleidung angelegt werden.
➤ Es ist ratsam, seine Wanderung zu unterbrechen, bis die Sicht wieder ausreichend ist, um sich sicher im Gelände zu orientieren. Ein solcher Zwangsstopp kann zur Rast genutzt werden.

Ein Feuer hilft, klamme Kleidung zu trocknen und gibt Gelegenheit, eine warme Mahlzeit zuzubereiten.

➤ Ein Weitergehen im Nebel ist nur zu wagen, wenn eindeutige Orientierungshilfen ein Verlaufen verhindern. So kann man sich z.B. an einem Flusslauf entlang bewegen, dessen Verlauf bekannt oder der eindeutig auf der Karte zu identifizieren ist.

Stürme

Herbst und Stürme sind untrennbar miteinander verbunden.

✱ Besonders gefährlich sind Stürme für Menschen auf dem Wasser. Im Allgemeinen wird das Boot, mit dem der Wasserwanderer entlang von Seenketten oder Flussläufen große Entfernungen zurücklegen möchte, klein, handlich und leicht sein. Bei solchen Touren muss er immer mit Portages, Strecken auf denen er sein Boot über Land tragen muss, rechnen, z.B. um Stromschnellen oder Wasserfälle zu umgehen.

✱ Für ein kleines und leichtes Boot sind Stürme und die durch sie entstehenden Wellen sehr gefährlich. Das Boot kann voll Wasser schlagen und Mensch und Ausrüstung durchnässen oder es kann kentern.

Verhalten bei Sturm: Es ist sinnvoll, seine Tour während eines Sturmes zu unterbrechen und an Land abzuwarten.

➤ Wird die Fahrt trotz starkem Wind fortgesetzt, sollte man sich so nah wie möglich am Ufer halten, um sich bei Gefahr schnell in Sicherheit bringen zu können.

➤ Beim Durchqueren von Wäldern ist man häufig von der direkten Wirkung des Sturmes geschützt. Umstürzende Bäume stellen eine akute Gefahr dar, denn der Lärmpegel kann so hoch sein, dass das Umbrechen nicht wahrgenommen wird. Am besten ist es daher, in einer Gruppe junger, niedriger Bäume Unterschlupf zu suchen und das Ende des Sturmes abzuwarten.

Der Winter

Auf den ersten Blick scheint der Winter die unwirtlichste aller Jahreszeiten zu sein. Dabei ist er keineswegs gefährlicher als die anderen. Er erfordert allerdings besondere Kenntnisse und zusätzliche Ausrüstung. Die Besonderheiten des Winters erlauben dem Wanderer, größere Strecken an einem Tag zurückzulegen als während der anderen Zeiten des Jahres, obwohl weniger Stunden Tageslicht zur Verfügung stehen. Seen und Flüsse werden durch eine dicke Eisschicht zu gut ausgebauten Straßen. Per Ski oder Hundeschlitten können Entfernungen zurückgelegt werden, an die während der eisfreien Zeit nicht zu denken ist.

Schnee

✱ Schnee begegnet uns in vielen Formen. Frischer Pulverschnee ist sehr unzuverlässig, besonders wenn die Neigung eines Hanges sein Abgleiten begünstigt.
✱ Altschnee, wenn er tagsüber an der Oberfläche leicht taut und nachts wieder gefriert, ist ideal, um sich zu Fuß fortzubewegen.
✱ Auf Nassschnee zu gehen, kann sehr mühsam sein. Hinzu kommt die Gefahr, dass Feuchtigkeit in Bekleidung und Schuhwerk eindringt.
✱ Schnee hat einige Eigenschaften, die wir uns zunutze machen können. Da er, zumindest in trockener Form, überwiegend aus Luft besteht und diese ein schlechter Wärmeleiter ist, können wir ihn als Kälteschutz verwenden (siehe dazu »Überleben im Winter«, Seite 155ff).

Was erhöht die Lawinengefahr?

- Neuschnee von mehr als 25 cm und mehr als 3 bis 4 cm Schneefall pro Stunde
- Aufklarendes Wetter verbunden mit steigenden Temperaturen nach einem Sturm
- Temperaturen über dem Gefrierpunkt für eine Dauer von mehr als 36 Stunden zum Ausklang des Winters können den Schnee etwas tiefer erwärmen, in Nassschnee verwandeln und so Nassschneelawinen auslösen. Starker Regen kann die gleiche Wirkung haben und dabei das Schneegewicht erheblich erhöhen.

✱ Schnee kann auch ohne komplizierte Hilfsmittel leicht verarbeitet werden. Er lässt sich beliebig formen und bekommt in komprimierter Form erhebliche Festigkeit und Tragfähigkeit.

Lawinen

Als Lawine ist Schnee wohl der größte Feind des Menschen. Schneequalität, Topografie und Wetterlage bestimmen in erster Linie die Möglichkeit von Lawinenabgängen.

Lawinengefahr: Sie besteht auf Hängen von mehr als 22° Gefälle, akute Gefahr herrscht, wenn die Hangneigung größer als 32° ist. Steile, unbewaldete Rinnen sind wie geschaffen für den Abgang von Lawinen. Stark bewaldete Hänge verhindern dagegen das Abrutschen der Schneemassen.

Verhalten bei Lawinengefahr: Erkennt man, dass sich oberhalb Schneemassen in Bewegung setzen, ist größte Eile geboten. Mit Hilfe der Ski oder Schneeschuhe muss die Gefahrenstelle so schnell wie möglich überquert werden. Sobald es offensichtlich wird, dass dieser Versuch misslingt, muss man sich sofort von allen sperrigen Gegenständen trennen: Ski, Stöcke, Schneeschuhe, Rucksack. Ein Maximum an Bewegungsfreiheit ist jetzt die einzige Chance zu überleben.

➤ Mit heftigen Schwimmbewegungen in der Rückenlage, die Füße möglichst talwärts, muss man versuchen, an der Oberfläche der Lawine zu bleiben.

➤ Mund und Nase sollten mit einer Hand bedeckt werden, um zu verhindern, dass Pulverschnee in die Atmungsorgane gerät und zu Erstickungsanfällen führt.

➤ Sobald man merkt, dass die Lawine zur Ruhe gekommen ist, muss jede Anstrengung unternommen werden, um etwas Freiraum für Kopf und Brust zu bekommen. Der Schnee verdichtet sich sehr schnell, deshalb darf keine Zeit verschwendet werden.

Rettung von Lawinenopfern: Es ist ein Wettlauf mit der Zeit. Die Chance, dass ein Lawinenopfer lebend geborgen wird, be-

Lawinengefahr erkennen

- Eine überhängende Wächte kann abbrechen und den Schnee unterhalb davon in eine Lawine verwandeln.
- Man quert einen Hang und stellt fest, dass sich der Schnee in den Fußspuren nicht festtritt, sondern wie Sand in die Spur hineinfällt.
- Nassschnee löst sich von der Fußspur, bildet kleine Schneebällchen und rollt zu Tal oder rutscht in Platten ab.
- Vom Wind komprimierter Schnee löst sich unter den Fußtritten in mehr oder weniger großen Flächen (Schneebrettern). Diese können eine größere Lawine auslösen.

trägt nach 20 Minuten 75%, sinkt nach einer Stunde auf 30% und verringert sich nach 3 Stunden auf kümmerliche 10%.

➤ Zuerst wird der Punkt markiert, an dem das Opfer stand, als sich die Lawine löste, danach die Stelle, an der der Verschüttete zum letzten Mal gesehen wurde. Ski, Stöcke oder Äste eignen sich hierfür. Die Verbindungslinie wird talwärts verlängert und die Suche konzentriert sich auf diesen Streifen, denn der Verschüttete bewegt sich mit großer Wahrscheinlichkeit auf einer geraden Linie talwärts.

➤ Wenn ein Stück der Ausrüstung oder der Bekleidung entdeckt wird, muss sofort gegraben werden. Die Stöcke, ohne Teller, und die Skienden werden als Sonden benützt.

➤ Wird ein Lawinenopfer geborgen, müssen zuerst seine Atemwege freigelegt werden, um ein Ersticken zu verhindern. Dann wird das Opfer auf Knochenbrüche untersucht, darauf folgt eine Schockbehandlung (siehe dazu »Versorgung bei Unfällen«, Seite 173f.).

➤ Ist das Opfer innerhalb von 2 Stunden nicht gefunden worden, muss Hilfe geholt werden. Mindestens 1 Person sollte mit der Rettungsmannschaft zur Unglücksstelle zurückkehren, um den Vorfall vor Ort beschreiben zu können.

Schneeblindheit

Sie wird durch intensive Sonneneinstrahlung ausgelöst.

✱ Im Anfangsstadium hat man das Gefühl, Sand in den Augen zu haben, dann beginnen die Augen stark zu tränen.

✱ Jetzt ist es höchste Zeit, dunkle Sonnengläser aufzusetzen. Sind sie nicht verfügbar, muss man sich eine behelfsmäßige Augenmaske bauen: in ein Stück Rinde oder Holz 2 schmale Schlitze schneiden, an den Seiten jeweils 1 Stück Schnur befestigen, um die Maske vor dem Gesicht zu halten.

✱ Werden die Augen nicht geschützt, verursacht grelles Licht starken Schmerz. Bald können die Augen nicht mehr geöffnet werden. Schneeblindheit kann chronisch werden.

Verhalten bei Schneeblindheit: Sobald die Sehfähigkeit beeinträchtigt ist, sollte der Patient an einen dunklen Platz geführt werden, wo er sich erholen kann.

➤ Ist man allein und merkt, dass

das Augenlicht schwindet, verkriecht man sich am besten in seinem Schlafsack, solange man noch etwas erkennen kann, bedeckt seine Augen und wartet, bis sie sich erholt haben.

Eis

✷ Zugefrorene Seen und Flüsse ermöglichen ein rasches Fortkommen, aber Vorsicht ist besonders zu Beginn des Winters und gegen Ende im Frühjahr geboten. Die Dicke des Eises sollte immer geprüft werden, bevor man sich ihm anvertraut.

✷ Sicheres Eis an einer Stelle bedeutet nicht Sicherheit auf der ganzen Fläche. In der Flussmitte, wo die Strömung am stärksten ist, ist das Eis dünner als am Ufer. Auch auf Seen ist die Eisschicht nicht gleichmäßig, Quellen können die Wassertemperatur an ihrem Austritt aus der Erde so weit erhöhen, dass sich gar kein Eis bildet.

✷ Gefährlicher ist es, wenn sich eine dünne Eisschicht bildet. Dunklere Stellen im grünlichen oder bläulichen Eis mahnen zu größter Vorsicht, denn hier ist das Wasser unter dem Eis zu erkennen und der Tragfähigkeit darf nicht getraut werden.

Verhalten auf Eis: Auch wenn man dem Eis vertraut, sollte man immer eine Stange quer vor der Brust halten, notfalls kann auch ein langer Ast benützt werden. Sollte das Eis nachgeben, liegen die beiden Enden auf dem Eis auf und man kann sich festhalten und einen Teil des Oberkörpers aus dem Wasser heraushalten und so die Abkühlung des Körpers verlangsamen.

➤ War man leichtsinnig und ist ohne Stange im Eis eingebrochen, ist es ratsam, folgende Position einzunehmen: Rücken zum Rand des Eislochs, Hohlkreuz, Arme ausgebreitet und die Handflächen aufs Eis. Damit wird das Körpergewicht verteilt und das weitere Abbrechen des Eises verhindert.

➤ Im Allgemeinen kann man sich kaum selbst aus einer solchen Situation retten. Ein Reisegefährte nähert sich der Einbruchstelle auf allen Vieren oder auf dem Bauch rutschend, um das Körpergewicht zu verteilen. Er sichert sich selbst mit einer Stange oder einem Ast.

➤ Dem Opfer wird ein Seil zugeworfen, an dem der Partner ihn langsam in Richtung Ufer zieht. Falls kein Seil verfügbar ist, kann auch das eine Ende der Stange oder des Astes zum Festhalten benützt werden.

➤ Besteht die Gruppe aus mehr als 2 Personen, sollten die übrigen der Rettungsaktion nicht zusehen, sondern schnellstens ein Feuer in Gang bringen, denn wenn das Opfer triefend nass das Ufer erreicht hat, besteht höhste Gefahr der Unterkühlung. Die Wärme des Feuers und trockene Kleidung werden in vielen Fällen ausreichen, um das Opfer wieder zu erwärmen. Ein Heißgetränk ist zudem hilfreich.

➤ Hat die Rettungsaktion jedoch etwas länger gedauert und kann der Körper nicht selbst genug Wärme erzeugen, müssen die Gefährten mit ihrer Körperwärme helfen, das Opfer am Leben zu erhalten.

Kälte

✷ Moderne Textilien bieten Schutz gegen jede Temperatur, solange es gelingt, die Kleidung trocken zu halten. Einige Körperpartien sind jedoch im Allgemeinen nicht bedeckt und der Kälte unmittelbar ausgesetzt. Meist sind dies das Gesicht und kurzzeitig auch die Hände. Es wird immer Arbeiten geben, bei denen Handschuhe nicht getragen werden können, weil sie zu plump sind.

✷ Trotz Schutzbekleidung sind die Enden der Extremitäten, also Hände und Füße, stärker gefährdet als der Rest des Körpers. Erfrierungen treten deshalb am häufigsten an den Händen, den Füßen und im Gesicht – einschließlich Ohren – auf.

Erfrierungen: Man erkennt sie im Anfangsstadium daran, dass die Haut blass, fast weiß wird. Später tritt Gefühllosigkeit ein. Es kann auch ein Kribbeln empfunden werden, was darauf hindeutet, dass sich Eiskristalle im Gewebe bilden. Dringt die Erfrierung tiefer in das Gewebe ein, wird es hart und unbeweglich. Wird der Körper lange einer solchen Kälte ausgesetzt, tritt Apathie und Schläfrigkeit ein, der Gesichts- und der Orientierungssinn werden beeinträchtigt. Das Opfer wird bewusstlos und stirbt letztlich an Atemstillstand.

➤ Ist man in der Gruppe unterwegs, sollte man sich gegenseitig beobachten und überwachen, um erste Anzeichen von Erfrierungen sofort zu erkennen.

Einteilung von Erfrierungen

Erfrierungen werden gemäß ihrer Schwere nach Erfrierungen 1., 2. und 3. Grades unterteilt.

- Erfrierungen 1. Grades verursachen nur begrenzten Schaden. Nachdem die Körperpartie wieder aufgetaut ist, färbt sich die Haut erst rot, dann bläulich oder violett. Einige Stunden später tritt eine Schwellung auf, die mehrere Tage anhalten kann. Nach 5 bis 10 Tagen wird die oberste Hautschicht schuppenförmig abgestoßen.
- Bei Erfrierungen 2. Grades tritt nach dem Auftauen ebenfalls eine Rötung der Haut auf, ihr folgen Blasen. Sie trocknen allmählich aus. Es bilden sich schwarze Flecken (bis zu 3 Wochen), dann löst sich die obere Hautschicht, die die darunter liegenden sind intakt. Die nachwachsende Haut kann über mehrere Erneuerungszyklen noch Spuren der Erfrierung zeigen.
- Bei Erfrierungen 3. Grades sind sowohl die Oberhaut als auch die tieferen Schichten nachhaltig geschädigt. Es besteht eine akute Gefahr des Wundbrandes.

Sofortmaßnahmen bei Erfrierungen: Entgegen der verbreiteten Meinung darf eine erfrorene Körperpartie nicht gerieben werden, um sie wieder zu erwärmen – weder mit Schnee noch ohne. Die Haut ist geschädigt und muss ähnlich wie eine Verbrennung behandelt werden.

➤ Tritt die Erfrierung im Gesicht, an den Ohren oder am Körper auf, dann sollte sie mit der warmen, unbekleideten Hand bedeckt werden.

➤ Ist die Hand selbst betroffen, steckt man sie unter die Unterbekleidung, um ihr Körperwärme zuzuführen.

➤ Bei Erfrierungen an den Füßen zieht man Schuhe und Socken aus und erwärmt die Füße am Körper einer anderen Person. Wie bei Verbrennungen wird dann ein steriler Verband angelegt.

➤ Es kann ratsam sein, ein Nachtlager aufzuschlagen, um nach der unmittelbaren Behandlung der Erfrierungen klamme Socken oder nasses Schuhwerk gründlich zu trocknen, bevor die Reise fortgesetzt wird. Der Körper hat so Zeit, sich zu erholen und das Feuer spendet nicht nur Wärme, sondern gibt neuen Mut.

Wind chill

✱ Bei Wind wird unbedeckten Körperteilen mehr Wärme entzogen als bei Windstille.

✱ Obwohl das Thermometer den selben Wert anzeigt, ist der Wanderer bei einer Windgeschwindigkeit von z.B. 30 km/h einem wesentlich größeren Erfrierungsrisiko ausgesetzt als bei Windstille. Für dieses Phänomen hat sich der Begriff »wind chill« eingebürgert.

✱ Das sich aus dem wind chill ergebende zusätzliche Risiko ist messtechnisch nicht erfassbar, sondern lässt sich nur aus einer empirisch abgeleiteten Formel ermitteln. In Tabellen werden tatsächliche Temperaturen verschiedenen Windgeschwindigkeiten gegenübergestellt. Die Auswirkung des wind chill wird dann in einer Temperatur angegeben, die den gleichen Effekt wie Windstille auf den menschlichen Körper haben würde. So hat z.B. eine Temperatur von –7 °C bei einer Windgeschwindigkeit von 48 km/h die gleiche Wirkung wie eine Temperatur von –29 °C bei Windstille.

➤ Die Erfrierungsgefahr kann also häufig dadurch abgewandt werden, dass man Schutz vor dem Wind sucht.

Hypothermie (Unterkühlung)

Die so genannte Hypothermie, also die Unterkühlung, fordert mehr Opfer als jede andere Gefahr, der man in der Wildnis begegnen kann. Da mit ihr in jeder Jahreszeit gerechnet werden muss, soll sie besonders ausführlich behandelt werden.

✱ Wärme »fließt« von einem wärmeren Körper zu einem kälteren. Wenn der wärmere Körper unser eigener ist und der kältere die umgebende Luft, dann gibt unser Körper Wärmeenergie an die Umgebung ab.

✱ Unser Körper muss jedoch eine bestimmte Mindesttemperatur beibehalten, um richtig zu funktionieren. Sinkt die Körpertemperatur darunter, stellt sich Unwohlsein und Leistungsminderung ein. Ist der Temperaturabfall groß genug, dann tritt sehr rasch der Tod ein.

✱ Die gewünschte Körpertemperatur können wir nur erhalten, wenn durch den Stoffwechsel

Energie erzeugt und die Abgabe von Wärme durch entsprechende Kleidung vermindert wird.

✱ Der Wärmeverlust kann sehr schnell durch Änderungen in der uns umgebenden Luft ansteigen. Ein Temperaturabfall oder ein Anstieg der Windgeschwindigkeit oder eine Kombination von beidem resultiert in einem sofortigen, zusätzlichen Wärmeverlust (siehe »Wind chill«).

✱ Kommt noch kalter Regen hinzu, kann der Wärmeverlust sprunghaft ansteigen. Das kalte Wasser entzieht dem Körper direkt Wärme und vermindert die isolierende Wirkung der Kleidung. Damit stellt Hypothermie bei nassem Wetter und Temperaturen über dem Gefrierpunkt eine größere Gefahr dar als bei trockenem Wetter und Temperaturen unter 0 °C.

Verhalten gegen Hypothermie: Wenn ungünstige Umgebungsbedingungen den Wärmeverlust erhöhen, gibt es 3 Möglichkeiten der Abhilfe: Entweder wir produzieren mehr Wärme oder wir ziehen uns wärmer an oder wir tun beides. Ohne diese Maßnahmen verliert der Körper Wärmeenergie schneller als er sie ersetzen kann.

➤ Einen raschen Anstieg der produzierten Körperwärme erzielt man nur durch zusätzliche körperliche Betätigung. Die Kälte, die den Körper erfasst, wenn man stundenlang fast unbeweglich an einem Loch im Eis steht und darauf wartet, dass die Forellen anbeißen, lässt sich leicht durch einen Trab über den See vertreiben. Um sich kurzfristig zu erwärmen, ist körperliche Betätigung durchaus sinnvoll. Erfordert die Situation jedoch, dass diese Anstrengung über einen längeren Zeitraum ausgedehnt werden muss, dann erschöpft sich der Körper und er ist weniger als vorher imstande, Wärme zu erzeugen. Besser ist es deshalb, einen Wärmeverlust durch zusätzliche Kleidung zu verhindern. Daraus leitet sich die erste Regel zur Vermeidung von Hypothermie ab:

Regel 1

Habe ausreichend geeignete Kleidung im Rucksack und am Körper, um der schlimmstmöglichen Situation begegnen zu können.

➤ Der Körper benötigt Nahrung, um sie in Wärme umzuwandeln. Energiereiche Nahrung, ausgewogen an Proteinen, Fetten und Kohlehydraten, führt dem Körper den Brennstoff zu, den er in einer Extremsituation benötigt. Eier und Speck mit Vollkornbrot sind besser als Cornflakes mit Zucker. In den Rucksack gehört eher ein belegtes Brot mit Butter und Aufschnitt als ein Schokoriegel. Daraus ergibt sich die 2. Regel zur Vermeidung einer Hypothermie:

Regel 2

Die Nahrung im Magen und im Gepäck muss energiereich sein, damit der Körper sie in Wärme umsetzen kann.

➤ Nun können aber Trekker trotz guter Ausrüstung und richtiger Nahrung in Schwierigkeiten geraten, wenn unerwartete Umstände die Körpertemperatur absinken lassen. So kann z.B. der Weg weitaus beschwerlicher als erwartet sein, der Schnee ist tiefer als geschätzt, die gewählte Abkürzung gestaltet sich anstrengender als angenommen oder man muss an Tempo zulegen, um das Tagesziel vor Einbruch der Dunkelheit zu erreichen. Die zusätzlichen Anstrengungen haben die Trekker erschöpft. Sie sind schweißgebadet. Sie beginnen zu frösteln und zu zittern. Unbemerkt haben sie sich in eine Gefahrensituation gebracht, die zu einem schweren Fall von Hypothermie führen kann. Hieraus folgt die 3. Regel zur Vermeidung einer Hypothermie:

Regel 3

Jeder muss die eigenen Grenzen kennen und darf sich nie bis zur Erschöpfung verausgaben. Immer Schutz suchen, solange man noch Zeit und Energie hat.

Symptome einer Hypothermie: Um der Unterkühlung rechtzeitig entgegenwirken zu können, müssen ihre Symptome frühzeitig erkannt werden. Diese sind (der Schwere nach aufsteigen gelistet):

✱ Man friert und muss sich bewegen, um warm zu bleiben.
✱ Man hat leichten Schüttelfrost.
✱ Das Zittern wird stärker und unkontrollierbarer.

✱ Sprachstörungen und heftiges Schütteln setzen ein.
✱ Das Zittern lässt nach, die Muskeln werden steif, die Bewegungen fahrig und zuckend. Die ungeschützte Haut wird blau und aufgedunsen. Die Gefahr der Situation wird nicht mehr erkannt, das Opfer ist jedoch noch ansprechbar.
✱ Das Opfer kann nicht mehr vernünftig handeln, kann seine Umgebung nicht mehr wahrnehmen und verfällt in Stumpfsinn.
✱ Das Opfer ist nicht mehr ansprechbar, wird bewusstlos, die Reflexe bleiben aus, Herzrhythmusstörungen setzen ein.
✱ Die Steuerzentren für Herz und Lunge hören auf zu arbeiten – es kommt zum Tod.

Verhalten bei Hypothermie: Im Anfangsstadium kann der Hypothermie noch leicht Einhalt geboten werden. Im fortgeschrittenen Stadium ist dies schon sehr schwer und für eine Einzelperson so gut wie unmöglich.

➤ Bewegt man sich allein in der Wildnis, ist alles zu unternehmen, eine solche kritische Situation zu verhindern. Erkennt man die Gefahr, ist beherztes Handeln erforderlich: sofort Feuer machen und sich auf einen Aufenthalt einrichten.
➤ In einem fortgeschrittenen Stadium von Hypothermie ist man ohne fremde Hilfe verloren. Die Begleiter müssen tun, was sie für richtig halten, und dürfen nicht auf das Opfer hören.
➤ Wenn trockene Reservekleidung nicht ausreichend zur Verfügung steht, muss jeder in der Gruppe etwas abgeben.
➤ Warme Getränke helfen dem Opfer, den Körper von innen heraus aufzuwärmen.
➤ Ist die Körpertemperatur eines Opfers auf einen kritischen Wert gesunken, dann ist es sinnlos, es in trockene, schützende Kleidung einzuwickeln. Der Körper hat nicht mehr genug Wärme, um sich am Leben zu erhalten. In diesem Stadium ist es besser, dass sich der Betroffene ohne Kleider – nur mit einem warmen Umhang – ans Feuer stellt, denn die Kleidung würde nur die Wärme des Feuers vom Körper fernhalten.

Das Opfer erwärmen: Eine weitere große Gefahr ist der Wärmeverlust im Körperinneren. Werden die Extremitäten zu rasch erwärmt, kann die Temperatur im Inneren des Körpers sogar noch absinken. Die Erwärmung der Extremitäten regt die Blutzirkulation an und das in Armen und Beinen sowie an der Oberfläche befindliche kalte Blut wird ins Körperinnere transportiert. Neueren Erkenntnissen zufolge ist es ratsam, der Erwärmung des Torsos Vorrang zu geben. Dazu wird das Einatmen von heißem Wasserdampf empfohlen.

➤ In leichten Fällen helfen Feuer und eine Schutzhütte.

➤ Im fortgeschrittenen Zustand muss der Körper eines Opfers jedoch gleichmäßig erwärmt werden. Die traditionelle Methode hierfür ist, dass das Opfer und eine gesunde Person – beide unbekleidet – in einen Schlafsack kriechen, so dass ein Wärmeaustausch erfolgen kann. Die anderen Mitglieder einer Gruppe kümmern sich um das Feuer und bereiten Nahrung und warme Getränke zu.

➤ Sobald das Opfer wieder ansprechbar ist und sein Körper von innen und außen ausreichend Wärme zugeführt bekommen hat, können die normalen Verrichtungen wieder aufgenommen werden. Die getrockneten Kleider werden wieder angezogen. Warme Nahrung muss aufgenommen werden, um neue Energiereserven anzulegen.

Unterkühlung durch Wasser: In dem oben angedeuteten Szenario hat sich die kritische Situation langsam entwickelt. Es bestand jederzeit die Möglichkeit, die Verhaltensweise zu ändern und die Gefahr abzuwenden. Ganz anders verhält es sich, wenn man plötzlich und unerwartet dieser Gefahr ausgesetzt ist. Niemand rechnet damit, dass er mit seinem Boot kentert – darauf vorbereitet sein sollte er jedoch immer. Die Notsituation auf dem Wasser kann wesentlich schlimmer sein als auf dem Land. Die Betroffenen sind triefend nass und schnell durchgekühlt, die Ausrüstung ist verloren oder zu nass, um brauchbar zu sein, und alle Insassen des Bootes sind in derselben prekären Lage. Diese Notlage ist nicht auf die kalte Jahreszeit beschränkt. Nördlich des 55. Breitengrades erwärmen sich viele Seen so gering, dass man bei einem unfreiwilligen Bad akut unterkühlt wird. Flüsse sind auch weiter im Süden sehr kalt.

Überlebenschancen im Wasser

Die Tabelle gibt grobe Richtwerte, wie lange man bei verschiedenen Wassertemperaturen überleben kann. Die Werte basieren auf der Annahme, dass Bekleidung mit langer Hose plus Schwimmweste getragen werden.

Wasser-temperatur	**Bewusstlosigkeit**	**Tod nach Herzstillstand (nicht durch Ertrinken)**
0 °C	< 15 Minuten	< 1 Stunde
1 - 4 °C	15 - 30 Minuten	30 - 90 Minuten
5 - 10 °C	30 - 60 Minuten	2 - 4 Stunden
10 - 15 °C	1 - 2 Stunden	3 - 6 Stunden
15 - 20 °C	2 - 7 Stunden	5 - 10 Stunden
20 - 27 °C	3 - 12 Stunden	> 8 Stunden

Verhalten bei Unterkühlung durch Wasser: Ist man gekentert, steht man vor der wichtigen Entscheidung: bei seinem Boot bleiben und sich auf den Rumpf und damit teilweise aus dem Wasser ziehen oder ans Ufer schwimmen.

➤ Mancher mag sich spontan für das Ufer als die selbstverständliche Lösung entscheiden. In einem Fluss, wo das Ufer meist nicht weit ist, mag dies eine vernünftige Entscheidung sein. In einem kalten See im nördlichen Britisch-Kolumbien z.B. ist es nicht selbstverständlich.

➤ Hat jemand gesehen, dass man über Bord gegangen ist, dann ist man gut beraten, beim Boot zu bleiben, sich so weit wie möglich aus dem Wasser zu ziehen und auf Hilfe zu warten.

➤ Ist mit fremder Rettung allerdings nicht zu rechnen, sollte man immer erwägen und auch versuchen, mit Hilfe eines Paddels oder eines Ruders näher ans Ufer zu gelangen oder dieses zu erreichen. Man sollte jedoch immer bedenken, dass man mit Kleidung und Schwimmweste im Wasser nur sehr langsam vorankommt.

➤ Hat man sich einmal entschlossen, das Ufer anzustreben, sollte man dies beherzt in die Tat umsetzen.

Gefahren in besonderen Klimazonen

Obwohl die meisten Wildnistouren in die nördlichen Breiten führen, sollen für den interessierten Leser auch die Besonderheiten anderer Klimazonen aufgezeigt werden. Die hier gegebenen Informationen sind als Einstieg gedacht und sollen zum Nachdenken anregen. Für eine verantwortungsbewusste Tourenplanung reichen sie allerdings nicht aus.

Die Wüste

Auf jedem Kontinent unseres Planeten befinden sich wüstenartige Gegenden. Ein Fünftel der Landoberfläche der Erde ist als Wüste eingestuft und nur 4% der Erdbevölkerung leben dort.

Gefahrensituation in der Wüste

* Die Wüste ist zumeist ein heißes, trockenes Land, in dem nur geringe Vegetation dem unwirtlichen Klima standzuhalten vermag. Sie kann von Gebirgen oder Sanddünen durchzogen sein. Vielfach ist sie steinig. Sie ist lebensfeindlich und deshalb dünn besiedelt. Nur wenige spezialisierte Trekkingtouristen werden sie freiwillig aufsuchen.
* Eine Überlebenssituation ist in den meisten Fällen eine unfreiwillige, nicht auf Leichtsinn oder falsche Planung zurückzuführende Notsituation – eine Fahrzeugpanne beim Durchqueren der Wüste oder eine Notlandung zwischen 2 Zivilisationszentren kann sie verursachen.
* Das größte Problem im Notfall ist der Wassermangel. Die Wassermenge, die der menschliche Körper täglich benötigt, hängt ab von der Temperatur, der körperlichen Beanspruchung, der Bekleidung und der Möglichkeit, Schutz vor der stärksten Sonneneinstrahlung zu finden.
* Die Tagestemperaturen erreichen leicht 50°C, teilweise sogar mehr. Solche extremen Temperaturen können Krämpfe, Erschöpfungsanfälle und Hitzschlag verursachen. Sonnenbrand und Sonnenblindheit können hinzukommen.
* Da es so gut wie keine Fauna oder Vegetation gibt, ist es nahezu unmöglich, sich aus der Natur Flüssigkeit und Nahrung zu beschaffen.
* Ein anderes Problem sind Insekten. Fliegen und Sandfliegen können zur Plage werden, Mücken tragen oft den Malariaerreger mit sich.

Wasser

Wasser ist das A und O für das Überleben in der Wüste. Deshalb sollte niemand ohne einen reichlichen Wasservorrat in die Wüste fahren – auch dann nicht, wenn er plant, am Ziel anzukommen, bevor sein Körper nach einem kräftigen Schluck verlangt.

Oasen
Innerhalb der Wüste bieten Oasen die beste Chance, Wasser zu finden. Sie liegen meistens tiefer und zeigen Vegetation. Ein ausgetrocknetes Flussbett zeigt, dass hier zumindest in größeren Zeitabständen Wasser fließt. Aber auch in Trockenzeiten gibt es dort eine Möglichkeit, Wasser zu finden.

➤ Man gräbt hierzu an der Außenseite einer Flussbiegung im ausgewaschenen Ufer. Wird der Boden feucht, legt man mehrere runde Löcher an, in denen sich Wasser sammeln kann. Das so gewonnene Wasser sollte zunächst probiert werden, da auf keinen Fall Salzwasser getrunken werden darf!

Tau
Eine andere Möglichkeit, Wasser zu gewinnen, ist der Frühtau, der sich auf Felsen niederschlägt.

➤ Mit einem Stück Tuch wird der Tau aufgewischt und das Wasser durch Auswringen gesammelt.

➤ Auch mit einer einfachen Kondensationsanlage kann Wasser gewonnen werden. Hierzu werden nur eine Plastikplane und ein Auffanggerät benötigt. Mit diesen beiden Hilfsmitteln lassen sich bis zu 1,7 l Wasser täglich aus dem heißen Wüstensand gewinnen.

So wird eine Kondensationsanlage gebaut: Man gräbt ein Loch, stellt einen Auffangbehälter in die Mitte und bedeckt das Ganze mit einer Plane. Ein Stein in der Mitte der Plane, über dem Behälter, lässt einen auf dem Kopf stehenden Konus entstehen. Die Plane wird ringsherum abgedichtet. Die Luft in der Ausschachtung erwärmt sich und lässt die im Boden enthaltene Feuchtigkeit verdunsten. Diese kondensiert an der Unterseite der Plane, läuft in der Mitte zusammen und tropft in den Behälter hinein.

Austrocknung vermeiden
Wasser zu gewinnen ist nur der erste Schritt, man muss das kostbare Nass auch so wirtschaftlich wie möglich ausnützen. Dies kann man erreichen, indem man die Schweißbildung reduziert.

✱ Der Körper gibt Wärme ab, indem er Flüssigkeit zum Verdunsten bringt. Nimmt die Körperflüssigkeit ab, wird die Schweißabsonderung gedrosselt, die Körpertemperatur steigt. Innerhalb kürzester Zeit sinkt die physische Leistungsfähigkeit.

✷ Ein Anstieg der Körpertemperatur von 6°C über normal bedeutet den Tod.

✷ Um das Schwitzen zu vermeiden, neigt man dazu, Kleidungsstücke abzulegen. Dies hat jedoch einen nachteiligen Effekt: Der Körper gibt die Flüssigkeit, den Schweiß, schneller ab. Deshalb sollte man lieber voll bekleidet bleiben, da die Kleidung den Verdunstungseffekt vermindert.

✷ Dehydrierung, Austrocknung, ist ein schleichender Effekt, der sich nicht durch Alarmsignale wie Schmerz ankündigt. Der Mensch hat nur seinen Verstand, um diese Gefahr zu erkennen.

Schutz gegen Hitze und Kälte

Schutz vor direkter Sonneneinstrahlung ist während der Tagesstunden wichtig, um den Körper nicht unnötig zu erwärmen.

✷ Natürlicher Schutz ist meist nicht ohne weiteres verfügbar. Die Schattenseiten von Felsen und Klippen bieten sich an, Auswaschungen und Höhlen in ausgetrockneten Flussbetten ebenso.

✷ Kopf, Nacken und Körper müssen tagsüber vor der Sonne geschützt werden. Ist keine Kopfbedeckung zur Hand, kann ein Tuch oder Hemd um den Kopf gewickelt werden, ähnlich wie die Araber dies tun.

In der Nacht

Trotz unerträglich heißer Tage können die Nächte in der Wüste empfindlich kalt sein. Eine echte Gefahr der Unterkühlung besteht jedoch kaum. Die im Boden gespeicherte Wärme sowie Energie, die von Felsen zurückgestrahlt wird, reichen normalerweise aus, den nächsten Morgen zu erwarten.

Augenschutz

➤ Die Augen müssen sowohl vor direkter als auch vor indirekter Sonneneinstrahlung geschützt werden.

➤ Solange die Sonne am Himmel steht, ist es unbedingt notwendig, eine dunkle Brille zu tragen. Gegebenenfalls muss aus einem zur Verfügung stehenden Material eine Notbrille hergestellt werden.

Sandsturm

➤ Wird man von einem Sandsturm überrascht, müssen Mund und Nase bedeckt werden, um das Eindringen von Sand zu verhindern. Die Kleidung ist gut zu verschließen und der Körper sollte mit allen verfügbaren Dekken oder Planen abgedeckt werden.

➤ Mit dem Rücken gegen den Sturm sollte das Abflauen des Windes im Sitzen oder im Liegen abgewartet werden. Bei einer liegenden Position ist es wichtig, sich gelegentlich zu bewegen, um zu verhindern, von den Sandmassen zugedeckt zu werden.

Im Notfall ausharren oder weitermarschieren?

Diese Entscheidung hängt von vielen situationsbedingten Faktoren ab, so dass nur grundsätzliche Ratschläge möglich sind.

➤ Ist mit Hilfe zu rechnen und ist der Wasservorrat noch ausreichend, ist es besser, am Unfallort zu bleiben und Sichtzeichen auszulegen. Auf keinen Fall dürfen die eigenen Kräfte überschätzt und die Beschwerden eines Marsches durch die Wüste bagatellisiert werden.

➤ Ist der Entschluss zum Weitermarschieren gefallen, muss das Gepäck sorgfältig gewählt werden. Wasser und Schutz vor der Sonne haben Vorrang. Das Gesamtgewicht sollte pro Person, sofern die Person noch im Vollbesitz ihrer Kräfte ist, 15 kg nicht überschreiten.

➤ Wenn das Gelände und die Sicht es zulassen, sollte während der Sommerzeit nur nachts marschiert werden. Der Tag dient zum Ausruhen.

➤ Hast ist fehl am Platz. Ein kleiner Umweg durch einfacheres Gelände ist besser als eine beschwerliche Abkürzung. Weichem Sandboden muss ausgewichen werden. Ebenso ist grobes Felsengelände zu vermeiden. Beides zehrt an den Kräften.

➤ Vor dem Aufbruch ist der eigene Standpunkt genau auf der Karte zu vermerken. Als Navigationsmittel werden Kompass und Sterne dienen müssen. Mit ihrer Handhabung sollte jeder Wüstenwanderer vor der Abreise vertraut sein.

➤ Bei der Zielauswahl muss sehr überlegt vorgegangen werden. Am sichersten ist es, eine Straße oder Küstenlinie anzustreben und dieser dann zu folgen, bis bewohntes Gebiet erreicht wird. Ein Punktziel auszuwählen, wie etwa eine Oase, ist gefährlich. Sie kann leicht verfehlt werden.

Wasserbedarf pro 24 Stunden

Bei diesen Durchschnittstemperaturen (Berechnung siehe unten) braucht Ihr Körper die angegebene Wassermenge.

- Bei 35°C werden 5 l Wasser benötigt.
- Bei 32°C werden 3,7 l Wasser benötigt.
- Bei 29°C werden 2,6 l Wasser benötigt.
- Bei 27°C werden 1,4 l Wasser benötigt.
- Bei 24°C werden 1,1 l Wasser benötigt.

➤ Stößt man auf Spuren von Einheimischen, ist es ratsam zu versuchen, diese Menschen zu finden. Die Hilfsbereitschaft in solch unwirtlichen Gegenden ist ausgeprägt. Die Menschen teilen gern das Wenige, das sie haben.

Wasserbedarf zur Erhaltung der Körperflüssigkeit

➤ Als Richtwert für die Durchschnittstemperatur in der Wüste nimmt man 10°C weniger als die Höchsttemperatur beträgt.

➤ In der heißen Wüste braucht der Mensch mindestens 4,5 l Wasser pro Tag. Marschiert er nachts, ist bei der entsprechenden Wasserration eine Strecke von etwa 32 km erzielbar. Tagsüber kann man sich glücklich wähnen, wenn man mit derselben Wassermenge die Hälfte zurücklegt.

Die Tropen

In unbewohnten, tropischen Gegenden zu überleben ist weniger schwierig, als allgemein angenommen wird. Viele stellen sich die Tropen als einen riesigen, undurchdringlichen Dschungel vor, durch den man sich Schritt für Schritt durchhacken muss. In Wirklichkeit besteht nur ein Teil der Tropen aus Dschungel. Die Topografie wechselt vom Urwald über Mangroven- und andere Sümpfe bis hin zu offenem Gras- und trockenem Buschland. Das Fortkommen im Urwald ist allerdings beschwerlich. Die Gefahr, von wilden Tieren oder Schlangen angegriffen zu werden, wie es gern in Filmen gezeigt wird, ist jedoch gering.
Die wirkliche, nicht zu unterschätzende Gefahr geht von den Insekten aus. Eine der schlimmsten Krankheiten ist auch heute

noch die Malaria. Sie wird von einer Stechmücke übertragen. Viele Menschen fürchten sich vor den vielen lauten nächtlichen Geräuschen. Sie werden überwiegend durch Vögel verursacht und stellen keine Gefahr dar.

Das Nachtlager

Die Nacht bricht in den Tropen sehr rasch herein, deshalb heißt es, sich frühzeitig darauf vorzubereiten. Im Urwald benötigt der Mensch mehr Ruhe und Schlaf, um seine Energie und Widerstandskraft gegen Krankheiten zu erhalten.

Ein Nachtlager bereiten: Als Nachtlager eignet sich eine Erhebung in einer Lichtung. Sie sollte möglichst weit von Sümpfen entfernt liegen. Hier wird es weniger Stechmücken geben und der Boden wird trockener sein. Ein solcher Platz ist auch besser geeignet, um Signale auszulegen.

➤ Zum Schlafen sollte man sich nicht auf den bloßen Boden legen, sondern eine dicke Lage von Zweigen, Blättern und Gras anhäufen.

➤ Da in den Tropen kurze, aber heftige Regengüsse innerhalb von Minuten große Wassermengen herabstürzen lassen, sollte man auch an ein Regendach denken. Falls nichts anderes zur Verfügung steht, können Äste mit dichtem Laub, Rinde oder Grasbüschel verwandt werden.

➤ Die Kleidung sollte beim Schlafen anbehalten werden. Sie schützt gegen Witterungseinflüsse und Insekten. Zum besseren Schutz steckt man die Hosenaufschläge in die Socken, um Ungeziefer den Zugang zu den Beinen zu verwehren.

➤ Vor Einbruch der Nacht sollte man kurz die Kleider ablegen und den Körper nach Zecken, Blutegeln oder anderem Ungeziefer absuchen.

Feuer

Ein Feuer im Urwald gibt nicht nur Wärme in den kühlen, feuchten Nächten. Es hält auch Stechmücken und neugierige Tiere fern. Klamme Kleidung sollte vor dem Einschlafen getrocknet sein, denn feuchte Kälte ist unangenehm und raubt den wichtigen Schlaf.

➤ Brennmaterial ist im Allgemeinen reichlich vorhanden, während der Regensaison kann es allerdings schwierig sein, ein Feuer in Gang zu bringen. Wenn einmal genügend Glut im Feuer ist, kann auch feuchtes Holz beigegeben werden. Bambus zu verbrennen ist riskant. Es entwickelt gefährliche Dämpfe und kann regelrecht explodieren.

Wasser und Nahrung

Beides ist in den meisten Fällen reichlich zu finden. Tierpfade führen häufig zu Wasserstellen.

➤ Wasser aus stehenden Gewässern muss gemieden werden, es sei denn, Entkeimungstabletten sind zur Hand. Eine sicherere Methode ist, Regenwasser aufzufangen. Auch manche Pflanzen, wie die Kokosnuss, enthalten eine wässerige Flüssigkeit, die nicht nur genießbar, sondern auch wohlschmeckend ist.

➤ Als Anhalt gilt: Jegliche Nahrung, die von Affen gefressen wird, ist auch für den Menschen gefahrlos.

➤ Die meisten Flüsse in den Tropen sind von Fischen bevölkert. Sie können unbedenklich gegessen werden, denn giftige Fische gibt es nur im Salzwasser.

Der Weg aus dem Urwald

Es kann sehr beschwerlich sein, sich im tropischen Regenwald fortzubewegen. Dickicht, Hitze und Feuchtigkeit, Mangrovensümpfe und Mangel an Orientierungspunkten machen einem zu schaffen.

➤ Das nützlichste Hilfsmittel ist die Machete. Mit ihr lässt sich u.a. ein Pfad schlagen, Nahrung ernten und bei Bedarf ein Floß bauen.

➤ In die Erste-Hilfe-Ausrüstung gehören Mittel gegen Fieber und Infektionen.

➤ Wann immer möglich, sollten die natürlichen Wegweiser der Natur genutzt werden: Das sind vorwiegend Bäche und kleine Flüsse. Sie münden in größere Flüsse und führen früher oder später zu Siedlungen.

➤ Das Floß ist das ideale Transportmittel, um einen Fluss schnell und ohne großen Energieaufwand hinabzufahren. Als Baumaterial bieten sich Bambus und andere leichte Hölzer an.

➤ Die Suche nach einem geeigneten Lagerplatz kann lange dauern, wenn man auf einem Fluss treibt. Es muss deshalb frühzeitig damit begonnen werden, nach einem Platz zu suchen. Es ist besser, ein paar Stunden Tageslicht zu verschenken, als die Nacht in einem undurchdringlichen Mangrovenwald auf dem Floß zu verbringen.

Das Meer

Auf der offenen See zu überleben, stellt wohl das schwierigste Szenario dar. Die See liefert keine Hilfsmittel. Jeder ist ausschließlich auf die eigene Ausrüstung angewiesen. Das Wasser, von dem man umgeben ist, ist ungenießbar. Wenn man es trinken würde, verschlimmerte es den Durst. Ohne Süßwasservorrat sind die Überlebenschancen nach wenigen Tagen verschwindend gering. Die einzige Möglichkeit, Wasservorräte zu ergänzen, ist Regenwasser. Man muss also darauf vorbereitet sein, möglichst viel davon aufzufangen.

Gefahr durch Salzwasser

✷ Selbst wenn die Wassertemperatur hoch genug ist, um die Gefahr einer Unterkühlung auszuschließen, verschleißt das Seewasser den Körper rasch. Das Salz entzündet die Augen, aufgeweichte Körperteile werden angegriffen. Die Lippen werden rissig, die Haut spröde, Nahrungs- und Wassermangel und Untätigkeit bringen den Stoffwechsel durcheinander. Verstopfung und Schwierigkeiten beim Wasserlassen sind die Folge.

Ungenießbare Fische

Die meisten Meeresfische sind essbar. Folgende sollte man jedoch meiden:

- Fische in grellen Farben
- Fische, die von Borsten oder Stacheln bedeckt sind
- Fische, die aufgeblasen wirken
- Fische mit einem Papageienschnabel oder mit Zähnen – bei diesen Fischen besteht die Gefahr, dass sie giftig sind
- Fischeier, die in Klumpen gefunden werden, sind wahrscheinlich ebenfalls giftig.

Ernährung auf See

➤ Auch wenn feste Nahrung verfügbar ist, darf sie nur in Verbindung mit Flüssigkeit gegessen werden. Wenn kein Wasser da ist, darf nicht gegessen werden, denn zur Verdauung wird Wasser verbraucht, das dann den Zellen nicht mehr zur Verfügung steht. Der Mensch kommt lange ohne feste Nahrung aus, besonders, wenn er sich nicht körperlich anstrengt. Für den sparsamen Umgang mit der im Körper vorhandenen Flüssigkeit gelten die gleichen Gebote wie unter »Die Wüste«, Seite 34f..

➤ Steht ausreichend Wasser zur Verfügung, sollte proteinhaltige Nahrung zuerst verzehrt werden, denn sie benötigt am meisten Wasser. Die Kohlenhydrate werden für den Fall aufgehoben, dass das Wasser knapp wird.

➤ Die ergiebigste Nahrungsquelle des Meeres wird Fisch sein. Der Fleischsaft im Fisch kann nicht das Wasser ersetzen, denn er enthält viel Protein, das wiederum Wasser zum Verdauen verbraucht. Die Menge des verfügbaren Trinkwassers bestimmt die Menge fester Nahrung, die aufgenommen werden darf.

➤ Seetang ist zwar roh oder gekocht essbar, benötigt jedoch für die Verdauung ebenfalls Wasser.

Angeln: Beim Angeln sollte immer ein Handschutz benutzt werden: Nie die Angelschnur mit bloßer Hand halten! Das Wasser hat die Haut so weit geschädigt, dass man sich beim Biss eines größeren Fisches leicht verletzen kann. Und es besteht die Gefahr, dass vor Schreck Leine und Fisch verloren gehen.

Vögel fangen: Alle Seevögel sind roh oder gegart essbar. Seevögel kann man fangen, indem man einen mit Köder versehenen Fischhaken an der Oberfläche treiben lässt.

Anzeichen für Landnähe

Ist Land nah, dann geben folgende Zeichen einen Hinweis für die Richtung:

✷ Cumuluswolken (siehe dazu Seite 89), die sich an einem klaren Tag in der Ferne aufbauen, entstehen meist über Land.

✷ Vögel fliegen häufig morgens auf die offene See hinaus und kehren abends zurück an Land.

✷ Der Wind bläst tagsüber in Richtung Land und abends auf die offene See.

✷ Tiefes Wasser ist dunkelgrün oder blau. Hellere Farben deuten an, dass das Wasser seichter wird – ein mögliches Zeichen von Landnähe.

✷ Treibendes Holz oder Pflanzen deuten auf die Nähe von Land hin.

Vorsicht!

Spiegelungen im Wasser können Land vortäuschen. Eine Änderung der eigenen Position, z.B. der Höhe, lässt die Täuschung entweder verschwinden oder sie verändert ihre Gestalt und deutet somit darauf hin, dass tatsächlich Land in der Nähe ist.

Gefahren durch Pflanzen und Tiere

Im Busch wachsen Pflanzen und leben Tiere, die zu einer tödlichen Gefahr werden können. Kein Tier ist uns jedoch von Natur aus feindlich gesinnt. Es verhält sich nur so, wie es von seiner Veranlagung her festgelegt ist. Um sich nicht zu gefährden, muss man sich bereits vor der Tour mit den Gefahren, die durch Pflanzen, Insekten und Raubtiere drohen, ausführlich befassen.

Giftige Pflanzen

Werden giftige Pflanzen auf verzweifelter Nahrungssuche versehentlich gegessen, können die Folgen verheerend sein. Selbst Pflanzen, die nicht im eigentlichen Sinne giftig sind, können Verdauungsstörungen und Durchfälle hervorrufen, die den Körper schwächen und durch den Flüssigkeitsverlust den Körper austrocknen.

Giftig oder nicht?

Ein generelles Erkennungsmerkmal für giftige Pflanzen gibt es nicht.

✱ Beabsichtigt man, pflanzliche Nahrung aus der Wildnis in seinen Speisezettel aufzunehmen, sind Ratschläge der Einheimischen häufig den Nachschlagewerken vorzuziehen.

✱ Pflanzen, die einen milchartigen oder farbigen Saft absondern, wenn man den Stängel bricht, sollten nicht verzehrt werden.

✱ Früchte, wie etwa Beeren, enthalten häufiger Giftstoffe als z.B. die Wurzeln.

✱ Vielfach können die Giftstoffe durch Kochen unschädlich gemacht werden.

✱ Die sicherste Methode ist, sich mit wenigen essbaren Pflanzen, die eindeutig zu identifizieren und häufig anzutreffen sind, vertraut zu machen und sich auf diese Pflanzen zu beschränken.

Pilze

✱ Pilze können eine schmackhafte, eiweißreiche Ergänzung des Speisezettels sein, sollten aber nur dann gegessen werden, wenn keine anderen Speisen zur Verfügung stehen und die Pilze eindeutig als genießbar identifiziert werden können.

✱ Obwohl es nur wenige tödlich wirkende Pilze gibt, ist die Gefahr einer Gesundheitsbeeinträchtigung durch unbekömmliche Pilze zu groß, als dass man sich ihr aussetzen sollte.

Verhalten bei Vergiftung

➤ Besteht der Verdacht, eine giftige Pflanze gegessen zu haben, entweder weil der Körper selbst ein Signal gibt oder weil einer der Begleiter dies festgestellt hat, sollte der Magen unverzüglich durch Erbrechen (z.B. durch Salzwasser) geleert werden.

➤ Daneben kann man immer zum alten Hausmittel »Finger in den Hals stecken« greifen.

Gefährliche Tiere

Fast alle wild lebenden, höher entwickelten Tiere meiden den Menschen und suchen, wenn möglich, das Weite. Auf einige typische Ausnahmen wird noch eingegangen. So aufregend und verlockend es sein mag, ein Tier aus der Nähe zu beobachten oder mit der Kamera einzufangen, der Entschluss zu einem solchen Schritt will überlegt sein. Wir sollten immer daran denken, dass wir in den Wohnbereich von wild lebenden Tieren eindringen und viele Tiere sich ihr Revier nicht streitig machen lassen wollen.

Insekten, Spinnen und Reptilien

Fliegen und Mücken

Sie werden eher als störend und weniger als Gefahr empfunden.

Bienen, Wespen, Hornissen

Wer schon einmal versehentlich einem Wespennest zu nahe gekommen ist, hat erlebt, mit welcher Aggressivität diese Tiere ihre Brut gegen einen Eindringling verteidigen. Auch ohne Allergie gegen deren Gift kann eine größere Anzahl von Stichen neben Schmerz und Schwellung zu einer fieberhaften Reaktion führen, die auch den Körper eines Erwachsenen schwächt.

Stechmücken

Sie sind die Überträger von Krankheiten, z.B. Malaria.

➤ Sie lieben warmes und feuchtes Klima. Sumpfiges Terrain sollte deshalb im Sommer gemieden werden.

➤ Ist dies nicht möglich, sollte den Tieren keine Angriffsfläche geboten werden. Hierzu werden die Hosenaufschläge in die Socken gesteckt, die Armbündchen zugebunden, die Kragen zugeknöpft und ein Mückenschleier über den Kopf gezogen.

➤ Mückenabweisende Mittel helfen, Quälgeister fernzuhalten.

➤ Zusätzlich ist es ratsam, einen Stift zur Behandlung von Insektenstichen mitzuführen.

Spinnentiere

✱ Viele Menschen haben Angst vor Spinnen oder ekeln sich vor ihnen. Diese negative Haltung ist unbegründet, denn Spinnen ernähren sich meist von anderen Insekten und spielen eine wichtige Rolle in der Natur. Nur wenige der über 25000 Spinnentiere sind giftig. Es sind dies die großen Exemplare wie z.B. einige Tarantelarten oder die schwarze Witwe.

✱ Der Skorpion gehört ebenfalls zu den Spinnentieren. Sein Giftstachel ist am Schwanzende. Er hält seine Opfertiere mit den Scheren fest und tötet sie mit dem Giftstachel. Die in Südeuropa und im Mittelmeerraum heimischen Skorpione sind für den Menschen ungefährlich. Ihr Stich wirkt wie ein Wespenstich. In den Tropen gibt es jedoch Exemplare, die bis zu 15 cm lang werden und deren Gift ausreicht, einen Menschen zu töten.

Schlangen

✱ In den meisten Fällen wird man sich der Begegnung mit einer Schlange erst bewusst, weil man sieht, dass sie sich entfernt. Der Mensch ist als Beute viel zu groß (die riesigen Würgeschlangen seien hier ausgeklammert), so dass sie nur in Selbstverteidigung angreift. Nur 17% der 3000 Schlangenarten sind giftig und davon besitzt nur ein Bruchteil ausreichend Gift, um einen Menschen zu töten.

✱ Schlangen sind Kaltblütler und lieben die Wärme, deshalb braucht man sie z.B. in Alaska nicht zu fürchten. Überraschend ist aber, dass es in Kanada Klapperschlangen gibt. Im Trockengürtel des südlichen und zentralen Britisch-Kolumbien sind sie keine Seltenheit.

✱ Am besten vermeidet man die Begegnung mit Schlangen. Was jedoch nicht immer möglich ist, da sie in warmen Ländern auch in bewohnte Gebiete kommen.

Verhalten bei einem Schlangenbiss: Ist man von einer Schlange gebissen worden, ist alles daran zu setzen, das Tier zu töten und mitzunehmen, damit das richtige Serum gespritzt werden kann.

➤ Der Biss wird meist in eine Extremität erfolgt sein. Diese ist sofort deutlich oberhalb des Bisses abzubinden, um die Blutzirkulation zu unterbinden. Hastige Bewegungen, die den Blutkreislauf anregen, sind zu vermeiden, ärztliche Hilfe muss schnellstmöglich erfolgen.

Raubtiere

✱ Das gefährlichste Landlebewesen ist kein Raubtier, sondern der sehr aggressive afrikanische Wasserbüffel, ein Pflanzenfresser.

✱ Die Zahl der Tiere, die durch ihre Größe, Schnelligkeit, Kraft oder ihren Kampfwillen eine Bedrohung für den Menschen darstellen, ist groß.

✱ Sowohl für den »Normaltouristen« wie auch für den Abenteurer in der Wildnis ist der nordamerikanische Kontinent das bevorzugte Reiseziel. Deshalb wurden hier die für einen Trekker gefährlichen oder als gefährlich geltenden wilden Tiere dieses Kontinents ausgewählt. An ihrem Verhalten sollen die damit verbundenen Gefahren und die Wege, diese Gefahren zu umgehen, erläutert werden.

Der Wolf

✱ Sein Ruf als mörderischer Geselle durch die Jahrhunderte hat dazu geführt, dass dieses Tier nahezu ausgerottet wurde.

✱ Er ist ein Rudeltier mit strengen Regeln für das Zusammenleben des Pack (Rudel). Der Wolf ist scheu und meidet den Menschen. Der Hunger kann ihn jedoch die natürliche Scheu überwinden und aggressiv werden lassen. Es gibt keine bestätigten Berichte, dass in Kanada oder Alaska je ein Mensch durch einen Wolf getötet worden ist.

✱ Das Verhalten der Tiere ändert sich aber, vor allem, weil ihr Lebensraum, der viel Bewegungsfreiheit beansprucht, immer weiter eingeschränkt wird.

Der Berglöwe

✱ Diese größte Katze des nordamerikanischen Kontinents, Puma oder Cougar genannt, ist ein Nachtjäger. Er kann bis zu 2,5 m lang werden. Männliche Tiere können 90 kg erreichen.

✱ Der Hunger treibt sie in die Nähe des Menschen und sie können ihre natürliche Furcht vor ihm verlieren. Cougars sind versierte Jäger, ihre Hauptnahrung ist Rehwild. Merken sie, dass man ihnen nachstellt, umgehen sie den Verfolger in einem Bogen und schleichen sich von hinten an. Der Verfolger wird zum Verfolgten. Aus einer überhöhten Position kann der Cougar 8 bis 10 m weit springen.

✱ Obwohl nur wenige Menschen einen Cougar zu Gesicht bekommen, ist Vorsicht geboten, die Raubkatze erspäht den Menschen, ohne dass dieser es merkt!

Der Bär

✱ Jeder, der in Nordamerika unterwegs ist, sei es auf High-

Bärenarten in Nordamerika

In Nordamerika sind 3 grundsätzlich verschiedene Bärenarten heimisch:

- Schwarzbär (Ursus Americanus)
- Grizzlybär (Ursus Arctos Horibilis)
- Eisbär (Ursus Maritimus)

ways oder im Busch, wird mit großer Wahrscheinlichkeit auf einen Bären treffen.

✷ Fakt ist, dass durch kein anderes Raubtier mehr Menschen verletzt oder getötet werden als durch den Bär.

✷ Der Schwarzbär ist über den ganzen nordamerikanischen Kontinent verbreitet, von Alaska bis nach Mexiko. Er hat sich an den Menschen und die Zivilisation angepasst. Darin liegt eine der Gefahren, die von diesem Tier ausgehen. Dem Grizzlybär ist viel seines Lebensraums durch das Vordringen des Menschen geraubt worden.

✷ Bären wirken plump, sind jedoch sehr schnell und ausdauernd. Zu versuchen, einem Bären davonzulaufen ist aussichtslos. In Kananda z.B. ist immer und überall mit Bären zu rechnen, zwar nicht in Großstädten, jedoch in größeren Siedlungen und aufgelockerten Wohngebieten.

Unterscheidung: Schwarzbär und Grizzlybär sind Allesfresser, ihre Nahrung besteht allerdings zu 90 % aus Pflanzen. Der Eisbär, ein Verwandter des Grizzly, ist ein reiner Fleischfresser.

✷ Das Fell von Schwarzbär und Grizzly kann beige, zimtfarben, rötlich braun, dunkelbraun bis schwarz sein. Auffälliges Merkmal des Grizzlybären ist der ausgeprägte Schulterhöcker, ein Muskelpaket, das sich entwickelt hat, weil er bei der Nahrungssuche viel nach Wurzeln und Tieren in einem Bau gräbt.

✷ Die Schnauze des Grizzlybären ist schüsselartig geform, während die des Schwarzbären leicht nach oben gewölbt ist.

Eigenarten: Um unliebsamen Kontakt mit Bären zu vermeiden, ist es wichtig, ihr Verhalten zu kennen und zu respektieren.

✷ Den Winter verbringen die Bären schlafend in einer schützenden Höhle ohne Nahrungsaufnahme. Die Jungen kommen im Januar/Februar zur Welt und sind erstaunlich klein. Sie wiegen nur etwa 500 g. Erst im Frühjahr erblicken sie zum ersten Mal das Tageslicht. Die männlichen Tiere verlassen zuerst ihre Höhle und beginnen mit der Futtersuche.

✱ Bären sind Einzelgänger, nur während der Paarungszeit im Mai/Juni suchen die männlichen Tiere die Gesellschaft der weiblichen.

✱ Ein Wurf besteht aus bis zu 4 Jungen. Die Schwarzbärjungen bleiben 1,5 Jahre bei der Mutter, bis zum Spätsommer des Jahres nach ihrer Geburt, die jungen Grizzlybären werden noch ein weiteres Jahr betreut.

Angriff: Bären meiden im Allgemeinen den Menschen und laufen davon, wenn sie ihn riechen. Es gibt jedoch Situationen, in denen der Bär in der Absicht zu töten angreift. Dies gilt für Schwarzbär und Grizzlybär. Bären haben unterschiedliche Gründe, ohne Warnung anzugreifen. Die häufigsten sind:

✱ Angriff, um Beute zu machen; dazu gehört auch die Verteidigung eines gerissenen Tieres

✱ Aggressivität während der Paarungszeit; dabei werden nicht nur Konkurrenten angegriffen

✱ Verteidigung des Reviers

✱ Männliche Bären töten fremde Bärenjungen

✱ Weibliche Bären verteidigen ihre Jungen

Verhalten im Reich der Bären: Die einzige wirksame Verteidigung gegen einen angreifenden Bär ist eine großkalibrige Waffe mit großer Durchschlagskraft. Bären sind zäh, selbst tödlich getroffene Tiere können noch große Strecken zurücklegen oder angreifen.

➤ Seit Jahren erfreut sich Pfefferspray großer Beliebtheit. Es gibt einem mehr ein Gefühl von Sicherheit, der tatsächliche Schutz ist fraglich. Die wirksame Reichweite beträgt maximal 10 m. Nach 8 bis 10 Sekunden ist die Sprühdose leer. Es gehört eine ordentliche Portion Kaltblütigkeit dazu, den Bären auf diese Reichweite herankommen zu lassen. Ansonsten hat man das Tier richtig aggressiv gemacht, wenn das Spray verbraucht ist.

➤ Daraus folgt: Jeder Kontakt mit einem Bären ist zu vermeiden! Auf dem Weg durch den Busch sollten Bären auf die Anwesenheit des Eindringlings aufmerksam gemacht werden, z.B.

durch ein Glöckchen am Rucksack, eine mit Kieseln gefüllte Konservendose oder ein lautes Gespräch. Ist man allein unterwegs, kann man den Bären Wanderlieder vorsingen.

➤ Sieht man sich dennoch einem Bären gegenüber, sollte man sich so groß wie möglich machen, mit den Armen rudern, um ihn von der eigenen Größe zu beeindrucken. In vielen Fällen hat es auch geholfen, beruhigend auf den Bären einzureden. Gleichzeitig sollte man sich langsam rückwärts entfernen.

➤ Besteht die Möglichkeit, dass der Bär Futter im Rucksack gewittert hat, sollte man diesen zurücklassen und sich ohne Gepäck zurückziehen.

➤ Mutig zu sein ist gefährlich. Manchmal versuchen Bären, den Eindringling durch einen Scheinangriff zum Rückzug zu veranlassen.

➤ Im Gegensatz zum Grizzly sind Schwarzbären gute Kletterer. Versucht man, sich auf einen Baum zu flüchten, könnte der Schwarzbär folgen. Mit seinen langen, starren Krallen ist der Grizzlybär dazu nicht imstande.

➤ Sichtet man einen Bären in Begleitung seiner Jungen, ist höchste Gefahr im Verzug. Befindet man sich versehentlich zwischen dem Muttertier und den Jungen, dann greift die Bärin mit Sicherheit an. Bärinnen verteidigen ihre Jungen sogar gegen wesentlich größere und stärkere männliche Tiere. Sie setzen dabei ohne zu zögern das eigene Leben aufs Spiel. Häufig werden die Jungen mit einem Klaps auf den nächsten Baum gejagt. Sind die Jungen in Sicherheit, nimmt die Bärin die Verfolgung sogar über eine Entfernung von 50 bis 75 m auf.

➤ Da Bären Allesfresser und immer auf der Suche nach Futter sind, müssen Lebensmittel und Kochgerät mindestens 50 m vom Schlafplatz entfernt über Nacht aufbewahrt werden. Der Rucksack mit den Lebensmitteln wird am besten mit einer Leine, die über einen Ast geworfen wird, in mindestens 3 m Höhe gezogen, weit genug vom Stamm entfernt, so dass der Bär sie nicht erreichen kann. Weder Äpfel noch Schokoriegel gehören ins Zelt.

➤ Streicht ein Bär abends um den Lagerplatz, muss abwechselnd Wache gehalten und das Feuer die ganze Nacht über in Gang gehalten werden.

1

Eine Tour vorbereiten

Fast alle Fehler werden gemacht lange bevor der Rucksack geschultert wird – und zwar zu Hause, dort wo noch alle Hilfsmittel für eine optimale Planung zur Verfügung stehen. Oftmals lassen sich diese Versäumnisse später in der Wildnis nicht mehr korrigieren. Die Auswirkungen können zu einer Katastrophe führen.

Planungen und Vorbereitungen

Der Wunsch, eine Tour in die Wildnis zu unternehmen, wird häufig durch die Erzählung eines Freundes ausgelöst, der von seiner Tour schwärmt, oder durch Berichte in den Medien und Diavorträge. Alle Darstellungen sind kritisch zu hinterfragen, um herauszufinden, ob eine vergleichbare Tour den eigenen Fähigkeiten entspricht. Schriftsteller berichten oft in der Ich-Form, obwohl sie sich auf die Schilderung anderer stützen. Gefahren und Risiken werden übersehen oder verniedlicht. Auch Filmen entnimmt man nicht, wie viel Personal und Material erforderlich war. Den Schilderungen eines Freundes ist da eher der Vorzug zu geben: Seine Glaubwürdigkeit lässt sich leichter bewerten, klärende Fragen können gestellt, beantwortet und die körperliche Leistungsfähigkeit besser beurteilt werden.

Wichtige Fragen stellen

Wo soll die Tour hingehen? Wie will ich sie durchführen: zu Fuß oder auf dem Wasser? Welches ist die beste Jahreszeit? Welche Ausrüstung wird benötigt? Die Antworten auf zahlreiche Fragen müssen sorgfältig abgewogen werden. Der Sommer bietet lange Tage und angenehme Temperaturen, aber auch Mücken. Im Winter kämpft man mit der Kälte, dafür lassen sich größere Entfernungen mit Schneeschuhen oder Skiern zurücklegen.

Eine Frage der Fitness

Die wohl wichtigste Frage ist: Bin ich körperlich fit für die zu erwartenden Anstrengungen? Die Antwort erfordert eine realistische Selbsteinschätzung. Das ist nicht leicht, denn wer will schon zugeben, dass er seinen Körper vernachlässigt hat und 10 kg zu viel wiegt? Steht ausreichend Zeit zur Verfügung, kann ein Trainingsprogramm mit entsprechender Ernährung helfen.

Von der Theorie zur Praxis

Der Anfänger ist gut beraten, seine theoretischen Kenntnisse bei Tagestouren auf die Probe zu stellen und Erfahrungen zu sammeln. Eine längere Tour lässt sich häufig so planen, dass das Lager jeden Abend an einem Ort aufgeschlagen wird, wo Hilfe und Rat nicht weit sind.

Das Kartenstudium

➤ Karten und Routenbeschreibungen sind wichtige Hilfsmittel für die Einteilung der Tagesabschnitte. Auf je 3 oder 4 Reisetage sollte 1 Extratag für Ruhe oder unvorhergesehene Verzögerungen eingeplant werden. Wird er nicht benötigt, erreicht man das Ziel eben etwas früher.

➤ Besonderes Augenmerk ist beim Kartenstudium der Topografie zu schenken. Eng beieinander liegende Höhenlinien bedeuten steiles Gelände und damit langsames, beschwerliches Vorankommen. Dabei ist ein steiler Anstieg meist weniger anstrengend und gefährlich als ein steiler Abstieg.

➤ Das Überwinden von Höhenunterschieden muss beim Tagespensum berücksichtigt werden. Bei guten Wegen und durchschnittlichem Gepäck rechnet man mit ca. 3 Stunden für einen Höhenunterschied von 1000 m. Die Horizontalentfernung muss zusätzlich berücksichtigt werden.

➤ Neben der Karte für Planung und Orientierung empfiehlt es sich, andere Literatur zu studieren. Klimatische Besonderheiten oder Wettercharakteristika haben Einfluss auf die Reisezeit.

Solo oder in der Gruppe?

Jemand sagte einmal: »Der Erlebniswert einer Reise ist umgekehrt proportional zur Größe der Reisegruppe.« Wenn das stimmt, müssten wir allein reisen. Aber das birgt nicht nur ein erhöhtes Risiko, es löst bei vielen auch Beklemmung und Angst aus. Alleinsein im Busch will gelernt sein. Das Vertrauen in die eigenen Fähigkeiten muss nach und nach erworben werden.

Vorteile der Gruppe

Manche Ausrüstungsgegenstände werden in einer Gruppe nur einmal benötigt, z.B. Kochgeräte, Werkzeuge, besondere Survival- und spezielle Erste-Hilfe-Ausrüstungen. Der größte Vorteil dürfte jedoch sein, dass im Notfall Hilfe da ist. Als zweckmäßig hat sich die Dreiergruppe erwiesen. Benötigt man Hilfe, kann 1 Person sie herbeiholen, während die 2. Person sich um den Verletzten kümmert.

Kanutour: Die Idealgruppe besteht aus 6 Personen mit 3 Kanus. Geht ein Kanu verloren, kann die Reise mit 3 Personen je Kanu fortgesetzt werden. Kentert ein Boot, kann sich eine Besatzung auf die Rettung der im Wasser Treibenden konzentrieren und die andere Besatzung versucht, das gekenterte Kanu samt Ausrüstung zu bergen.

Die Gruppe: Freunde, mit denen man im täglichen Leben gut auskommt, sind nicht immer als Reisebegleiter geeignet. Zu prüfen ist, ob jeder die Mindestanforderungen an körperlicher Belastbarkeit erfüllt. Wenn jemand schlapp macht, kann dies zu einer erheblichen Belastung für die Gruppe werden. Der Zeitplan kommt durcheinander, die Verpflegung kann knapp werden und der Rest der Gruppe muss zusätzliches Gepäck schleppen. Es kommt zu Missstimmung und die Sicherheit der ganzen Gruppe kann auf dem Spiel stehen. Derjenige mit der größten Erfahrung sollte als Führer anerkannt werden – schon vor Reisebeginn. Sind alle mit der Wildnis vertraut, kann die Führerrolle von Tag zu Tag wechseln.

Die Ausrüstung packen

➤ Es hat sich bewährt, die Ausrüstung vor dem Verpacken in 2 Gruppen übersichtlich auszulegen. In die 1. Gruppe gehören alle absolut notwendigen Gegenstände, in die 2. die Dinge, die wünschenswert sind. Letztere stellt die Manövriermasse dar, wenn gekürzt werden muss.

➤ Die neuen Rucksackmodelle (siehe »Die richtige Ausrüstung«, Seite 62f.) bieten erheblichen Komfort, eingebautes Tragegestell und Bauchgurt erlauben das Tragen von größeren Lasten. Ältere Modelle ermöglichen nur begrenzten Zugriff zum Inhalt, meist liegen die Reservesocken zuunterst und das Wühlen beginnt zur ungünstigsten Zeit.

➤ Moderne Trekking-Rucksäcke haben zahlreiche Taschen, Reißverschlüsse erlauben, ihn wie einen Koffer zu öffnen. Viele Außenstationen ermöglichen es, Sperriges mit Riemen zu befestigen. Er sollte möglichst leicht sein. Er ist eine langfristige Investition. An ihm sollte nicht gespart werden.

➤ Beim Auswählen der mitzunehmenden Sachen heißt es Kompromisse einzugehen. Auch das Packen des Rucksacks will geübt sein. Er sollte deshalb probeweise gepackt werden.

➤ Schwere Gegenstände kommen in die Mitte zwischen die Schultern. Dort beeinträchtigen sie das Gleichgewicht am wenigsten. Die Verpflegung, die erst kurz vor dem Abmarsch verstaut wird, muss bezüglich Gewicht und Volumen simuliert werden.

➤ Beim Packen wird mit den Gegenständen begonnen, die unerlässlich sind. Meist werden am Schluss etliche nicht so wichtige Dinge zurückbleiben müssen.

➤ Es kann nicht schaden, den vollen Rucksack im Rahmen eines persönlichen Fitnessprogramms über einige Kilometer zu tragen. Recht schnell zeigt sich dabei, ob beim Packen Fehler gemacht wurden. Ein scharfkantiger Gegenstand, der in die Rippen drückt, kann schnell die Freude an der ersten Etappe der Tour nehmen.

➤ Die körperliche Verfassung des Einzelnen bestimmt die Gewichtsgrenze, mehr als 25 kg sollte sich jedoch keiner zumuten. Theoretisch wird das Gepäck immer leichter, da die Verpflegung verzehrt wird. Spürbar wird diese Erleichterung jedoch nicht.

Die letzte Überprüfung

Jeder Ausrüstungsgegenstand ist hinsichtlich seiner Funktionsfähigkeit sorgfältig zu überprüfen.

Zelt

✱ Wer schon einmal versucht hat bei Regen in einem undichten Zelt oder in einem nassen Schlafsack zu schlafen, weiß, wie hundeelend man sich in langsam feucht werdenden Sachen fühlt.

✱ Mit der Nässe breitet sich Kälte aus, man fröstelt, an Schlaf ist nicht zu denken, das Ende der Nacht wird herbeigesehnt.

Schuhe

Warme, trockene Füße sind die Voraussetzung für eine ordentliche Marschleistung. Es ist deshalb wichtig, die Schuhe wasserdicht zu machen. Hierzu eignet sich Lederfett oder -öl, das von Hand einmassiert wird. Es muss besonders reichlich auf die Nähte aufgetragen werden, denn dort dringt die Nässe zuerst ein.
Hierzu ein Tipp: Die eingefetteten Stiefel für 30 Minuten in den angewärmten Backofen stellen. Das Fett wird flüssig und dringt tief in die Nähte ein.

Messer

✱ Es empfiehlt sich, mehrere Messer mitzuführen. Ein Messer gehört in die Hosentasche, z.B. ein Schweizer Armeemesser mit seinen zahlreichen, nützlichen

Funktionen; ein anderes an den Gürtel. Es muss für gröbere Arbeiten stets griffbereit sein. Es spielt keine Rolle, ob die Klinge feststehend oder abgeklappt ist. Für das Häuten von Wild ist es ratsam, ein eigenes Messer mit ganz kurzer Klinge vorzusehen.

✷ Vor der Reise müssen alle Messer geschärft sein. Da sie durch Gebrauch stumpf werden, gehört ein Wetzstein oder -stahl ins Gepäck. Beide werden in handlichen Gürtelfutteralen angeboten.

Kochgeschirr

✷ Kochgeräte für flüssigen oder gasförmigen Treibstoff sind einer gründlichen Funktionsprüfung zu unterziehen.

✷ Es kann nicht schaden, einen kleinen Esbitkocher mit Brenntabletten für den Notfall einzupacken. Gewicht und Volumen sind minimal und es ist möglich, rasch ein heißes Getränk zuzubereiten, ohne den großen Kocher auspacken oder ein Feuer anzünden zu müssen.

Weitere Gegenstände

Andere hilfreiche Kleinigkeiten, die wenig Platz einnehmen und kaum etwas wiegen, sind z.B. eine Rolle Plastikmarkierungsband in Leuchtfarbe, einige Nägel und Sicherheitsnadeln, mehrere Meter Schnur, Angelleine und mehrere Angelhaken.

Kurz vor dem Aufbruch

✷ Niemand sollte in die Wildnis hineinwandern, ohne den letzten Wetterbericht einzuholen. Bedrohliche Wettervorhersagen können jeden noch so gut vorbereiteten Plan zunichte machen oder zumindest zu einem Aufschub raten.

✷ Ortsansässige, die ihr Leben in einem entlegenen Teil eines Landes zugebracht haben, sind eine wertvolle Informationsquelle. Es hat sich immer wieder als zwekkmäßig erwiesen, mit ihnen ins Gespräch zu kommen. Sie kennen die Tücken des Wetters ihrer Region. Sie können auf Hindernisse hinweisen und wissen, welche Details auf den Landkarten nicht mehr aktuell sind. Die Hilfsbereitschaft der Menschen, die in dünn besiedelten Gegenden leben und auf gegenseitige Hilfe angewiesen sind, ist geradezu sprichwörtlich. Jeder ist gut beraten, den Ratschlägen eines Einheimischen Gehör zu schenken.

Die richtige Ausrüstung

Egal, wohin die Tour geht, die Ausrüsttung muss notwendig, funktionsfähig, praktisch und strapazierfähig sein. Modische Aspekte dürfen keine Rolle spielen. Auch, ob man allein oder in der Gruppe wandert, sollte sich auf die Zusammenstellung der Ausrüstung auswirken. Besonderns von Anfängern werden hierbei immer wieder Fehler gemacht. Gutes und Praktisches muss nicht teuer sein. Lassen Sie sich von Fachleuten beraten.

Bekleidung

Outdoor-Bekleidung gibt es in einer kaum zu überschauenden Vielfalt. Um sich hier zurechtzufinden, muss man sich überlegen, welche Funktionen die Kleidung zu erfüllen hat.

✱ Die Bekleidung soll eine möglichst gleichbleibende Körpertemperatur von 37 °C gewährleisten. Sinkt die Temperatur darunter, kann es zu Unterkühlungen kommen, steigt sie darüber, führt sie im Extremfall zum Hitzschlag.

✱ Damit die »Klimaanlage« des Körpers funktioniert, muss die Körpertemperatur nach außen abgeleitet werden und zugleich der Schweiß ungehindert verdunsten können. Wird dieser Prozess behindert, kommt es zum Hitzestau. Die Bekleidung muss daher gegen Kälte wärmen, aber auch Wärme und Feuchtigkeit ableiten können.

✱ Ein Schichtsystem bei der Bekleidung (mehrere dünne Lagen) erfüllt diese Anforderungen am effektivsten. Sieht man einmal von extremer Hitze und Kälte ab, reichen normalerweise 3 Schichten aus: Unter-, Ober- und Überbekleidung.

Unterbekleidung

Die Unterbekleidung (Unterhemd, -hose und Socken) ist die 1. Schicht. Sie liegt direkt auf der Haut und sollte besonders angenehm zu tragen sein. Sie darf nicht zu fest am Körper anliegen, damit die Haut ungehindert atmen und Wärme und Schweiß abgeben kann. Sie sollte aber auch nicht zu locker sitzen, damit sich beim Tragen des Gepäcks keine Falten bilden, die auf der Haut reiben und zu Verletzungen führen können.

Unterhemden und Unterhosen

Unterbekleidung soll warm halten. Dazu muss sie trocken bleiben oder schnell trocknen können. Nässe führt zum Frieren und zur Unterkühlung, vor allem, wenn der Körper bei Ruhe nicht mehr so viel Wärme produziert wie auf dem Marsch.

Synthetik: Moderne Unterwäsche aus synthetischen Fasern (z.B. Polyester) erzeugt ein angenehmes Mikroklima auf der Haut. Sie ist strapazierfähig und isoliert erheblich besser als Wolle. Sie leitet die Körperfeuchtigkeit gut ab, bleibt dadurch weitgehend trocken bzw. trocknet schnell.

Wolle, Baumwolle: Sie saugen Feuchtigkeit auf und trocknen nur langsam ab. Auch wenn Wolle im Gegensatz zu Baumwolle noch im nassen Zustand isoliert, erreicht sie nicht die Werte von Synthetikfasern.

Socken

✱ Es ist wichtig, dass Socken gut am Fuß anliegen, ohne ihn einzuschnüren. Schon kleine Falten scheuern Blasen. Socken müssen den Fußschweiß aufnehmen und möglichst lang speichern können, ohne dass der Fuß selbst nass wird. Einige Hersteller versuchen dies durch ein 2-Faser-System zu erreichen. Eine synthetische Faser nimmt den Schweiß auf und leitet ihn an eine darüber liegende Naturfaser, die ihn aufsaugt.
✱ Bewährt haben sich »Thermo-Trek«-Socken mit einem frotteeartigen Fußbett aus 100% Schurwolle, das die Feuchtigkeit aufnimmt, und einem glatten, dünneren Wollgewebe am Rist, über das die Feuchtigkeit abgegeben wird. Ein gestrickter Schaft aus Schurwolle mit Gummizug sorgt für guten Halt.
✱ Wer empfindliche Füße hat und leicht Blasen bekommt, sollte 2 Paar Socken übereinander tragen. 1 dünne, eng anliegende aus Seide und darüber 1 gut sitzende Trekking-Socke. Seidensocken tragen sich angenehm, isolieren gut und verringern die Reibungswirkung der Trekking-Socke.

Oberbekleidung

Oberhemden, Pullover und Hosen sind die 2. Schicht. Sie sollen Wärme und Feuchtigkeit, die über die Unterwäsche abgegeben werden, aufnehmen, ableiten und den Körper vor Kälte und Wärmeverlust schützen.

Oberhemden und Pullover

✱ Früher waren Baumwolle und Wolle die Hauptmaterialien. Heute werden für mittlere und kalte Klimazonen meist hochwertige Fleece-Stoffe verwendet.
✱ Für Hitze sind Oberhemden aus Baumwolle weiterhin gut geeignet. Hier ist die Speicherfähigkeit von Flüssigkeit und das langsame Trocknen ein Vorteil, denn beides gewährleistet eine längere Kühlung des Körpers.
Fleece (Faserpelz): Dies ist ein synthetisches Material, das flauschig, wärmeisolierend und feuchtigkeitsabweisend ist. Gutes

Fleece saugt sich auch bei Dauerregen nicht voll Wasser, lässt sich leicht waschen, trocknet schnell und behält die Form.

* Fleece-Bekleidung sollte sich am Halsausschnitt durch Knöpfe oder Reißverschlüsse öffnen lassen, damit der Wärmeaustausch bei körperlichen Anstrengungen reguliert werden kann.

Hosen

* Hosen müssen besonders robust und strapazierfähig sein. Der Schnitt im Schritt und an den Beinen muss bequem sein. Er darf die Bewegungen weder beim Marschieren noch beim Klettern behindern.
* Heute sind Trekking-Hosen meist aus Mischgewebe (35 % Baumwolle, 65 % Polyester oder Nylon). Sie sind sehr strapazierfähig, atmungsaktiv, nehmen im Gegensatz zu reiner Baumwolle wenig Wasser auf, trocknen schnell und sind sehr leicht.

Überbekleidung

Die 3. Schicht besteht aus Wetterjacke, Regenschutz, Kopfbedeckung, Handschuhen, Schuhen und Gamaschen. Sie werden mit Ausnahme der Schuhe nur bei Bedarf getragen.

Wetterjacken

* Sie dienen in erster Linie dazu, Kälte, Wind und Regen vom Körper abzuhalten. Und da sie am meisten mit der Umwelt (Dornen, Ästen, Steinen) in Berührung kommen, müssen sie besonders strapazierfähig sein.
* Die Außenhaut muss das Eindringen von Wasser verhindern, die Körperfeuchtigkeit jedoch ableiten. Die Nähte müssen versiegelt (abgetapt) sein. Die Kapuze muss fest mit der Jacke verbunden sein, den ganzen Kopf umschließen und mit einer Kordel gesichert werden können. Jacke und Kragen sollten einen Reißverschluss besitzen. Taille und Armbündchen sollten durch eine Kordel bzw. einen Klettverschluss individuell verstellt werden können.
* Bereiche, die durch Rucksackgurte beansprucht werden, sollten eine Verstärkung durch abriebfestes Material (z.B. Kevlar) haben, da hier leicht Regenwasser eingedrückt wird.
* Qualitativ hochwertige Jacken sind aus synthetischen Fasern hergestellt (Mikrofasern, Gore-Tex, Sympatex, mikroporöse Beschichtungen wie Texapore, Pripplepoint).

✱ Für kalte, windige, aber überwiegend trockene Tage ist die Windstopper-Jacke eine gute Ergänzung. Sie besteht aus 2 dichten Fleece-Schichten und einer dazwischen liegenden, winddichten Gore-Tex-Membrane.

Regenbekleidung

✱ Für Dauerregen oder starke Regengüsse reichen Wetterjacken nicht aus. Und sie schützen den Beinbereich nicht. Hier sind wasserdicht beschichtete Regenjacken und -hosen nötig.
✱ Ihr Nachteil ist, dass sie wenig atmungsaktiv sind und Unterwäsche und Hemden bei längerer körperlicher Anstrengung durch den Schweiß nass werden.
✱ Alternative: Poncho mit fest angesetzter Kapuze. Er ist so weit, dass er lose am Körper hängt und dadurch für eine gute Lüftung sorgt. Auch kann ein Rucksack darunter getragen werden. Die Ausrüstung bleibt so trocken. Nachteilig ist, dass der Wind den Regen von unter her an die Hosenbeine blasen kann.

Kopfbekleidung

✱ Hut, Mütze etc. sollen den Kopf vor Sonne oder Regen schützen. Sie sollten leicht sein und eine gute Lüftung bieten, damit der Kopf nicht schwitzt oder ein Hitzestau entsteht. Eine breite Krempe ist von Vorteil. Sie dient als Schattenspender und als Regenschutz. Damit die Kopfbedeckung bei Wind nicht wegweht, muss sie durch eine Schnur gesichert werden können. Welche Kopfbedeckung (Australischer Hut, Knautschhut, Mütze) gewählt wird, hängt von den Vorlieben des Trägers ab.
✱ Für kalte Tage empfiehlt sich eine Sturmhaube. Sie schützt den ganzen Kopf sowie die Hals- und Nackenpartie. Es gibt sie aus verschiedenen Materialien. Gegen eisigen Wind hilft eine Sturmhaube aus 2 Lagen Fleece und einer windundurchlässigen Membrane (Windstopper).

Handschuhe

✱ Bei Reisen in die Berg- und Buschregionen des Nordens gehören Handschuhe auch im Sommer zur Ausrüstung. Als Material hat sich die synthetische Faser durchgesetzt.
✱ Handschuhe aus Fleece oder Texapore sind im Gegensatz zu Leder leicht, wasserabweisend, schnell trocknend, gut wärmend und sehr strapazierfähig. Sie kön-

nen auch einen Windblocker, eine windundurchlässige Membrane, enthalten.

Schuhe

Trekking-Schuhe werden in einer großen Vielfalt für die unterschiedlichsten Zwecke angeboten: vom leichten Wüstenschuh bis zum schweren Nordlandstiefel für extreme Kälte. Jeder dieser Schuhe hat spezifischen Vorteile, die man bei der Auswahl sorgfältig auf Funktionsfähigkeit und Notwendigkeit hin prüfen sollte.

Für Trekking im Norden

- Hier empfiehlt sich ein fester, wander- und klettersteigtauglicher Stiefel aus wasserdichtem Leder. Zum Schutz des Fußgelenkes sollte der Schaft bis über die Knöchel reichen. Schweiß kann bei einigen Stiefeln wirkungsvoll über eine eingearbeitete Membrane aus Gore-Tex abgeleitet werden.
- Die Sohle sollte ein tiefes, gut ausgearbeitetes Profil besitzen und aus abriebfestem, aber nicht rutschendem Material bestehen. Ein sicherer Tritt beim Bergabgehen wird durch einen ausgeprägten Hacken erreicht.

Wichtig beim Schuhkauf

- Zum Anprobieren der Schuhe sollte man sich viel Zeit nehmen. Sie müssen sofort sitzen. Druckstellen, die man bereits jetzt spürt, laufen sich nur schwer ein und sind später Ursachen für Blasen. Die Ferse muss fest im Schuh sitzen, die Zehen sich hingegen frei bewegen können. Auch durch kräftiges Nachvorneschieben des Fußes dürfen sie nicht gegen die Schuhspitze stoßen, da sich sonst beim längeren Bergablaufen Druckstellen an den Zehen bilden.
- Zum Anprobieren sollten Sie die Strümpfe anziehen, die Sie auch auf der Tour tragen werden. Wenn möglich, sollten Sie vor dem Anprobieren ein paar Kilometer in den Strümpfen joggen. Der Fuß dehnt sich dadurch so aus, wie er sich bei Belastung in der Wildnis ausdehnen wird.
- Je sorgfältiger Sie bei der Anprobe Ihrer Schuhe vorgehen, desto mehr Freude werden Sie an Ihrer Tour haben.

Gamaschen

Guten Schutz gegen Nässe oder Schlangenbisse bieten Gamaschen. Sie bestehen meist aus atmungsaktiven, wasserdichten, synthetischen Materialien (Polyester, Cordura). Sie können schnell über Stiefel und Hosenbeine gezogen werden. Sie werden mit einem Riemen am Steg des Stiefels gegen Hochrutschen gesichert. Zum einfachen Öffnen und Schließen eignet sich am besten ein Klettverschluss.

Zum Tragen und Schlafen

Der Rucksack

✱ Rucksäcke werden speziell für unterschiedliche Zwecke angeboten (Tagestouren, Kurzwanderungen, Trekking-Touren, Expeditionen etc.).
✱ Für Trekking-Touren bis zu 3-monatiger Dauer sollte man einen Rucksack wählen, der für anspruchsvolle Trekking-Touren ausgelegt ist. Mit ihm kann man 15 bis 25 kg Gepäck kräfteschonend und ergonomisch ausgewogen tragen.
✱ Beim Kauf sollte man weniger auf das Geld als auf die Qualität und Ausstattung achten, denn bei Rucksäcken gilt, teurer ist in der Regel besser. Es kostet Geld, einen technisch ausgereiften, d.h. gut tragbaren Rucksack herzustellen.

Wichtig beim Rucksackkauf
✱ Das Tragegestell muss stabil und an die Körperform anpassbar sein. Für die angesprochenen Touren haben sich Rucksäcke mit einem Innengestell bewährt. Sie bestehen meist aus 2 Aluminiumstangen, die mit verschiedenen Gurten zentimetergenau auf den Rücken des Trägers abgestimmt werden können.
✱ Der Hüftgurt muss passgenau am Becken anliegen, denn über den Beckenknochen soll die Masse der Last getragen werden. Ein gut sitzender Hüftgurt sorgt für einen aufrechten Gang und schont die Wirbelsäule.
✱ Die Tragegurte müssen breit und gut gepolstert sein, damit die Last möglichst großflächig auf die Schultern verteilt wird.
✱ Als Material empfehlen sich Kunstfasern (Nylon, Polyester), die wasserabweisend sind.
✱ Wichtig: Die Nähte müssen wasserdicht versiegelt sein. Für Dauerregen empfiehlt sich ein auf den Rucksack abgestimmter Regenüberzug oder ein Poncho.
✱ Der Rucksack sollte so eingerichtet sein, dass man ihn für längere Wanderungen und leichtes Bergsteigen so beladen kann, dass die schweren Teile auf hal-

ber Höhe beginnend an der Körperseite nach oben verstaut werden. Leichtere Teile kommen davor nach außen und unten.

Schlafsack

Schlafsäcke lassen sich grob in Daunen- und in Kunstfaser-Schlafsäcke einteilen – jeder mit seinen Vor- und Nachteilen.

Daunen-Schlafsäcke

* Sie sind mit einem Gemisch aus Daunen (feine Brustfedern von Gänsen oder Enten) und Federn gefüllt. Die Füllung ist federleicht und wärmt sehr gut.
* Nachteilig ist, dass Daunen sehr feuchtigkeitsempfindlich sind, langsam trocknen und robuste Behandlung, wie enges Zusammenrollen und Verschnüren, nur kurzzeitig unbeschadet überstehen.
* Für Trekking-Touren durch den Busch, bei denen das Gepäck auf engstem Raum verstaut wird und man immer damit rechnen muss, dass das Gepäck nass wird, ist der Daunen-Schlafsack nicht zu empfehlen.

Kunstfaser-Schlafsäcke

* Schlafsäcke mit Kunstfaserfüllung sind geringfügig schwerer, dafür aber sehr robust und wärmen selbst im nassen Zustand.
* Sie überstehen auch engstes Verschnüren und Zusammenknautschen. Werden sie nass, trocknen sie schnell wieder.
* Das Körper- und Wärmeverhalten ist gut.
* Die Füllung gibt es als Vollfaser, Hohlfaser und als Hohlfaser mit Steg. Vollfasern sind etwas schwerer als die Hohlfasern, aber nahezu unverwüstlich. Hohlfasern mit und ohne Steg – sie sehen etwa wie Strohhalme aus – sind leichter, haben die gleichen guten Wärmeeigenschaften, aber den Nachteil, dass in die Hohlräume der Fasern Wasser sickern kann, was zu längeren Trockenzeiten führt.
* Für Trekking-Touren in der Wildnis sind Kunstfaser-Schlafsäcke gut geeignet.

Liegematten

* Liegematten sind kein Luxus, sondern eine sinnvolle Ergänzung zum Schlafsack. Sie sind eine Isolierschicht zwischen dem Körper/Schlafsack und dem kalten, eventuell gefrorenen Boden. Sie verhindern, dass wertvolle Körperwärme in den Boden abgeleitet wird und man friert.

✱ Die Matten sollten aus strapazierfähigem, feinporigem oder ähnlich strukturiertem Material bestehen, leicht sein und bis in den Minusgradbereich hinein isolieren (z.B. Feinpor: ca. 450 g schwer, 190 cm lang, geeignet bis ca. –15 °C; Ridge Rest: 330 g schwer, 182 cm lang, geeignet bis ca. –15 °C). Für tiefere Temperaturen sind auch die selbstaufblasbaren Schaumstoffmatten eine gute Lösung. Sie sind zwar schwerer, je nach Größe und Ausführung etwa 1 bis 1,5 kg, isolieren aber bis –30 °C.

Das Zelt

✱ Zelte gibt es in einer unüberschaubaren Anzahl und Qualität in Baumärkten, Kaufhäusern, Sportgeschäften und bei Outdoor-Ausrüstern zu kaufen. Die Preise variieren von unter 25 bis über 500 Euro. Um sich in diesem Gewirr zurechtzufinden, sollte man sich von einigen Grundgedanken leiten lassen.

✱ Zelte für eine Trekking-Tour in die Wildnis sollten bei Outdoor-Ausrüstern, bei denen man sich fachmännisch beraten lassen kann, gekauft werden. Die Zelte sollten eine Apsis besitzen, äußerst strapazierfähig, einfach aufzubauen und auch bei längerer Nutzung noch wasserdicht sein, über einen wasserundurchlässigen, reißfesten Boden und einen Mückenschutz verfügen und so leicht wie möglich sein.

Gängige Zelttypen

Kuppelzelte: Dieser Zelttyp hat den Vorteil, dass er überall aufgestellt und problemlos umgestellt werden kann, da er zum Stehen – außer bei Sturm – keine Heringe benötigt. Nachteilig ist, dass er ohne Belastung (z.B. Gepäck) wegfliegen kann und dass die Firststangen, wenn sie kaputt gehen, nur sehr umständlich ersetzt werden können.

Tunnelzelte: Sind problemlos – auch bei Sturm – aufzubauen und bieten viel Platz. Ihr Nachteil ist, dass sie immer gut abgespannt werden müssen, da sie dem Wind eine relativ große Angriffsfläche bieten.

Giebelzelte: Diese Art ist das einfachste, unkomplizierteste und auch leichteste Zelt. Das Gestänge kann im Notfall durch ein paar Holzstäbe ersetzt werden. Es benötigt allerdings durch das langwierige Abspannen relativ viel Zeit zum Aufbau und hat gegenüber den anderen Zelten

Notwendige Zusatzausrüstung

Diese Ausrüstung ist eine Grund-/Notausstattung. Sie kann je nach persönlichen Bedürfnissen und verfügbarem Platz ergänzt werden.

- Fahrtenmesser - mit kräftiger, langer (mindestens 15 cm), feststehender Klinge, ein Messer für grobe Arbeiten
- Multifunktionsmesser - z.B. Schweizer Messer oder Leatherman Tool, ein Messer für feine Arbeiten und Reparaturen
- Schleifstein - mit Abziehstein
- Drahtsäge - für Holz und Knochen, Länge ca. 70 cm
- Kompass - robuste Ausführung
- Armbanduhr - wasserdicht und stoßfest
- Essgeschirr - mit Essbesteck und Wasserflasche
- Sturmfeuerzeug - mit Ersatzfeuersteinen und Ersatztank
- Sturmstreichhölzer - wasserfest und sturmsicher
- Erste-Hilfe-Set - mit Verbandsmaterial, Schmerz- und Magentabletten, Aspirin, Wundsalbe, Penicillin (Breitspektrum), Sicherheitsnadeln, Insektenschutzsalbe, Wasserentkeimungstabletten
- Mückennetz - für den Kopf, über den Hut zu ziehen
- Dokumentenbeutel - wasserdicht, für Reisedokumente und Geld
- Leuchtstäbe - geeignet als Notlicht und Notsignal
- Angelschnur - mit verschiedenen Angelhaken
- Draht - nicht rostend, zum Fallenstellen geeignet
- Plastikbeutel - zum Wassertragen, Auffangen von Regenwasser
- Gewebe-Tape - für Reparaturen und erste Hilfe
- Nähset - mit mehreren Nadelgrößen, Schusternadel, Garn, Zwirn
- Kunststoffleine - Länge mindestens 10 m
- Schuhpflegemittel
- Spiegel - aus Metall, zum Signalgeben geeignet

eine schlechtere Raumaufteilung.

Doppeldachzelte: Sie bestehen aus 2 übereinanderliegenden Dachschichten. Sie isolieren am besten gegen Kälte und Hitze und leiten Kondenswasser gut ab. Bedingt durch ihre Konstruktion sind sie schwerer als die anderen Typen.

✱ Für welchen Zelttyp Sie sich entscheiden, sollte von der Art ihrer Trekking-Tour abhängen.

Orientieren im Gelände

Grundsätzlich bedeutet Orientieren im Gelände nichts anderes, als jederzeit zu wissen, wo man sich befindet. Wer seinen Standort kennt, gewinnt Ruhe und Sicherheit und vermag im Notfall sinnvoll Rettungsmaßnahmen einzuleiten. Es gibt mehrere Hilfsmittel, mit deren Hilfe man sich orientieren kann: Karten, Kompass, GPS-System, Höhenmesser, Schrittzähler und die Natur.

Orientieren mit Karte

* Die Karte spiegelt eine verkleinerte Abbildung der Wirklichkeit, d.h. der Landschaft und ihrer Bebauung, wider. Da die Karte flach ist und die Erde eine gebogene, unebene Oberfläche hat, wird dies nie voll gelingen.
* Je kleiner der Maßstab wird, desto weniger stimmt die Abbildung von Objekten mit geringer Ausdehnung mit der Wirklichkeit überein. Eine Bundesstraße, die z.B. in einer Karte mit Maßstab 1:200 000 mit 1 mm Breite abgebildet ist, würde in echt 200 m breit sein. Tatsächlich sind es aber keine 10 m. Sie hätte daher nur mit einem Strich von 0,05 mm Stärke angedeutet werden dürfen. Das wäre zwar zeichnerisch machbar, sie würde aber kaum noch zu identifizieren sein. Sinngemäß trifft das auch auf alle anderen Straßen, Wege, Pfade, Eisenbahnen, Flussläufe, Kanäle und Gebäude zu.

Kartenarten

Um dem Benutzer trotzdem optimales Kartenmaterial verfügbar zu machen, wurden die verschiedensten Karten entwickelt. Sie heben die für den Verwendungszweck benötigten Merkmale so detailliert wie möglich hervor und generalisieren dafür die anderen Charakteristika.

Straßenkarten

Diese Karten sind besonders auf die Bedürfnisse des Autofahrers zugeschnitten. Das Straßen- und Wegenetz ist hervorgehoben, die Bodenbedeckung dagegen ist meistens nur als farbliche Markierung dargestellt.

Seekarten

Sie dienen zur Navigation auf See und in Küstengewässern. Sie enthalten die für die Seefahrt wichtigen Informationen wie Wassertiefe, Wracks, Seezeichen, Küstenverlauf. Straßen oder Bodenbedeckungen an Land werden hingegen nicht dargestellt.

Topografische Karten

Sie geben Informationen wie eine Straßenkarte und vor allem solche über Landschaftsformen und Bodenbedeckungen (Wald, Wiese, Sumpf etc.). Für den Trekker sind diese Karten die wichtigsten. Sie erlauben einen sicheren Vergleich zwischen Wirklichkeit und Karte und er-

Verschiedene Maßstäbe

1 km in der Wirklichkeit entspricht bei einem Maßstab von:
- 1 : 25 000 4 cm auf der Karte
- 1 : 50 000 2 cm auf der Karte
- 1 : 100 000 1 cm auf der Karte

leichtern dadurch das Bestimmen des eigenen Standorts. Außerdem ermöglichen sie eine realistische Beurteilung der nicht einsehbaren Landschaft. Mit dieser Kartenart werden wir uns im Folgenden beschäftigen.

Maßstab

Der Maßstab gibt an, um welchen Wert die Wirklichkeit auf der Karte verkleinert abgebildet wurde. Beim Maßstab 1 : 50 000 heißt dies, jede Strecke in der Natur ist auf der Karte 50 000-mal kleiner. Karten mit großem Maßstab können mehr Details abbilden als Karten mit kleinem Maßstab.

Ausrichtung der Karte

✷ Moderne topografische Karten sind nach Norden ausgerichtet, wobei sich Norden am oberen, Süden am unteren, Osten am rechten und Westen am linken Rand der Karte befinden. Ortsnamen sind von West nach Ost geschrieben.

✷ Seit Ende der 1990er Jahre sind alle topografischen Karten zur besseren Orientierung mit einem UTM-Koordinatensystem versehen, das nach »Gitter-Nord« ausgerichtet ist. Dieses System wird entweder als ganzes Gitter, in Form von Schnittkreuzen oder als Markierung an den Bildrändern auf der Karte dargestellt. Solange noch nicht alle Karten damit versehen sind, wird man je nach Land noch nach Karten mit Polarkoordinaten oder mit Gauß-Krüger-Koordinaten arbeiten müssen.

✷ Karten der Schweiz, Englands, der USA, Kanadas, Norwegens, Schwedens und Finnlands sowie alle militärischen Karten haben bereits UTM-Koordinaten. Bis zur vollständigen Umgestaltung bleiben in Deutschland die Gauß-Krüger-Koordinaten gültig. Neue Karten mit UTM-Koordinaten tragen den Zusatz »mit UTM-Koordinaten (bezogen auf WGS84/ETRS 89)«.

✷ Die Unterschiede der Koordinatensysteme bzw. Nordrichtungen siehe Seite 70f.

Angaben auf der Karte

Topografische Karten liefern detaillierte, lagegetreue Angaben über Verkehrsnetz, Gewässer, mit Brücken, Bodenbewachsung, Geländeformen und Besonderheiten wie Dämme, Hochspannungsleitungen, Windmühlen, Ruinen, Hecken, Steinbrüche, Zeltplätze etc. Die Symbole, mit denen diese Angaben dargestellt werden, sind in einer Legende am Kartenrand eindeutig erklärt.

Abbildung der Geländeformen

✱ Höhenstrukturen (Höhenzüge, Berge, Täler etc.) werden durch Höhenlinien bestimmt. Sie verbinden Punkte gleicher Höhe. Die Zahlen in den Höhenlinien geben die jeweilige Höhe über dem Meeresspiegel normalerweise in m an.

✱ Berggipfel werden mit einem Punkt und der Höhenangabe gekennzeichnet. Bodenformen, die zu klein oder zu schroff sind (Felsen, Steilwände, Steinbrüche, Kiesgruben etc.), werden schraffiert (Fallstriche) dargestellt.

✱ In einigen Karten, vor allem Wanderkarten, werden Höhen durch eine Schummerung (Licht- und Schattendarstellung durch unterschiedliche Schattierungen) plastisch hervorgehoben. In der Regel wird dabei angenommen, dass das Licht aus Nordwesten kommt, der Schatten also nach Südosten fällt.

Abbildung der Höhenlinien

Aus den Höhenlinien kann sich der geübte Kartenleser schnell einen Überblick über das Höhenprofil der Landschaft verschaffen und seine Tour bereits zu Hause auf der Karte planen.

✱ Weit auseinander liegende, leicht geschwungene Höhenlinien zeigen eine sanfte Steigung.

✱ Dicht gedrängte Linien weisen auf einen steilen Anstieg hin.

✱ V- oder U-förmig geformte Höhenlinien deuten auf ein Tal oder eine Schlucht hin.

✱ Bilden die Linien ein umgekehrtes V oder U, zeigen sie einen Bergrücken oder Steilhang.

✱ Das untere Ende der Höhenangabe weist in Richtung Tal.

✱ Wasserläufe in den Höhenlinien lassen auf Rinnen und Mulden schließen.

✱ Unterhalb von Felsformationen muss mit Geröllfeldern gerechnet werden.

✱ Wasserläufe beginnen meist am unteren Rand von Geröllfeldern.

Gebräuchliche Koordinatensysteme

Bis alle topografischen Karten auf das UTM-System umgerüstet sind, gibt es noch Karten mit geografischen oder geodätischen Koordinatensystemen.

Geografisch

Hier wird die Erde mit einem Bezugssystem von Längen- und Breitengraden überzogen. Die Längengrade (Meridiane) laufen in den Polen zusammen und schneiden die Breitengrade nur am Äquator im rechten Winkel. Gemessen wird von einem O°-Meridian jeweils 180° nach Ost und 180° nach West. Die Nord-Süd-Richtung wird vom Äquator (0°) 90° nach Norden (Nordpol) und 90° nach Süden (Südpol) gemessen. Innerhalb der durch Längen- und Breitengrade festgelegten Vierecke wird die Position eines Punktes in Minuten (') und Sekunden ('') beschrieben.

Geodätisch (z.B. Gauß-Krüger)

Für dieses System wird die Erdoberfläche der Länge nach in Meridianstreifen unterteilt. Der Mittelmeridian eines jeden Streifens verläuft genau in Nord-Süd-Richtung und endet an den Polen. Parallel zum Mittelmeridian sind in dichten Abständen Gitterlinien angeordnet. Sie laufen in Richtung Gitter-Nord. Die vertikalen Gitterlinien werden in gleichen Abständen von horizontalen Gitterlinien geschnitten, so dass sich ein Netz von gleich großen Quadraten bildet. Diese Quadrate ermöglichen eine winkel- und entfernungsgetreue Ortsbestimmung.

Wichtige Nordrichtungen

In topografischen Karten ist, meist neben dem Maßstab, eine Information über Winkelabweichungen zwischen verschiedenen Nordrichtungen aufgeführt. Sie sind für die Orientierung mit dem Kompass notwendig.

Geografisch-Nord

Darunter wird der »echte« Norden verstanden. Alle Meridiane weisen in diese Richtung und laufen auf der Nordhalbkugel im Nordpol zusammen. Der geografische Nordpol wird durch einen Stern markiert.

Magnetisch-Nord

✱ Hierunter versteht man den Pol, aus dem in der Nordhalbkugel die Magnetlinien heraustreten. Dieser Pol ist nicht mit dem geografischen Nordpol identisch, sondern liegt von ihm getrennt und variiert von Jahr zu Jahr. Auf Karten wird er durch eine Kompassnadel markiert. Magnetisch-Nord ist der Punkt, zu dem sich die Kompassnadel ausrichtet.

✷ Um mit einem Kompass die wahre Nordrichtung zu bestimmen, müssen die Kompassablesungen um den jeweils gültigen Winkel (»Deklination«, auf der Karte eingetragen) zwischen Magnetisch- und Geografisch-Nord korrigiert werden. Da sich dieser Winkel aufgrund der Verlagerung des magnetischen Nordpols ständig verändert, ist die jährliche Veränderungsrate neben dem Deklinationswert zum Zeitpunkt der Kartenerstellung vermerkt. Der Winkel muss deshalb entsprechend des Jahres der Anwendung korrigiert werden.

Gitter-Nord

Dies ist die Nordrichtung, in die die vertikalen Gitterlinien laufen. Sie wird durch ein Kreuz symbolisiert. Der Winkel zwischen Gitter- und Magnetisch-Nord nennt sich Nadelabweichung, der Winkel zwischen Gitter- und Geografisch-Nord Meridiankonvergenz. Auch die Nadelabweichung ändert sich jährlich. Die Veränderungsrate pro Jahr wird auf der Karte angegeben.

Missweisung

✷ Missweisung ist ein Oberbegriff für die Winkel, die zwischen Magnet-Nord und den anderen Nordrichtungen gebildet werden. Die Missweisung wird als Korrekturwinkel bei der Arbeit mit Karte und Kompass (siehe »Ausgleich der Missweisung«, Seite 75f.) benötigt. Sie wird auf der Karte für eine westliche oder östliche Korrektur angegeben.

✷ Die Angabe erfolgt in Grad (°), bezogen auf einen Kreis mit 360°, als Gon (^{g}), bezogen auf einen Kreis mit 400^g und als Strich ($^-$), bei UTM-Karten allgemein bezogen auf einen Kreis mit 6400^- . Die Missweisung gilt immer für das ganze Kartenblatt.

Auswahl geeigneter Karten

✷ Das Ausgabedatum der Karte sollte möglichst neu sein. Gerade in Siedlungsgebieten ändert sich die Bebauung rasch, so dass Kartenangaben und Umgebung nicht mehr übereinstimmen.

✱ Auch in der Wildnis kann sich innerhalb von 10 Jahren einiges ändern, was zu Verwirrungen führen kann. So können z.B. große Wälder geschlagen worden sein und das Landschaftsbild wesentlich verändert haben.

Für Trekking-Touren

✱ Wenn man sich vor allem mit Karten orientieren muss, ist ein großer Maßstab am besten. Allerdings ist bei einem großen Maßstab die abgebildete Fläche kleiner als bei kleinem Maßstab. Es werden also für ein bestimmtes Tourengebiet mehr Karten benötigt. Da mehr Karten aber auch mehr Gewicht bedeuten, sollte man sich gut überlegen, welcher Kompromiss am sinnvollsten ist. Wichtig: Eine sichere Orientierung in der Wildnis muss gewährt bleiben.

✱ Für Trekking-Karten hat sich der Maßstab 1:50000 bewährt.

✱ Erhält man Karten mit Höhenlinien und Schummerung, so sind diese Karten ohne Schummerung vorzuziehen, da sie die Landschaft plastischer abbilden, was die Orientierung erleichtert.

✱ Wünschenswert sind Karten mit aufgedrucktem Gitter. Bei Karten mit Schnittkreuzen oder Gitterangaben am Rand müssen die Gitterlinien erst von Hand eingezeichnet werden. Eine Arbeit, die sehr sorgfältig ausgeführt werden muss, da es sonst zu Ungenauigkeiten beim Ausrichten der Karte oder bei Übermittlungen von Ortsangaben führen kann.

✱ Bei länderübergreifenden Touren sollte man die Karten, die in den infrage kommenden Ländern herausgegeben werden, sorgfältig miteinander vergleichen. Trotz aller Standardisierungsbemühungen werden immer wieder Unterschiede im Kartenbild auftreten. Entscheiden sollte man sich für die Karten, die die Wirklichkeit am detailgetreuesten und am übersichtlichsten abbilden.

Vorbereiten der Karte

➤ In die Karte ist die Marschroute einzuzeichnen. Damit dabei nicht wichtige Kartenzeichen verdeckt werden, sollte ein gut sichtbarer Leuchtmarker verwendet werden.

➤ Entlang der Marschroute sind die Tagesetappenziele bzw. die nächtlichen Lagerplätze einzutragen. Ebenso sollten markante Geländepunkte, die sowohl auf

Für den Notfall

Ein Duplikat der Karte mit allen Eintragungen sollte bei Eltern oder Freunden hinterlegt werden. Muss in einem Notfall nach den Trekkern gesucht werden, ist das Kartenduplikat ein wichtiges Hilfsmittel.

der Karte als auch im Gelände eindeutig identifizierbar sind, hervorgehoben werden. Die Zeiten, die man zum Erreichen dieser Geländepunkte eingeplant hat, sind mit auf der Karte zu vermerken.

➤ Sollte die Karte über kein gedrucktes Gitternetz verfügen, müssen die Gitternetzlinien zumindest im Tourengebiet von Hand eingezeichnet werden. Sie sind für eine Orientierung mit dem Kompass unerlässlich.

➤ Die größten Feinde einer Karte sind Feuchtigkeit und Abnutzung. Um die Karte gegen diesen Verschleiß zu schützen, sollte sie mit dünner, selbst klebender Klarsichtfolie überzogen werden.

➤ Will man auf der Karte temporäre Einzeichnungen vornehmen, was mit Sicherheit im Gelände immer wieder der Fall sein wird, sollte man hierzu einen wasserlöslichen Filzstift oder einen Fettstift verwenden.

➤ Zusätzlichen Schutz für die Karte gegen Wasser bietet ein wasserfest verschließbarer Plastikbeutel. Er ist besonders bei Kanuwanderungen oder Flussüberquerungen sinnvoll.

Benutzung der Karte

➤ Während der Tour sollte die Karte griffbereit in einer Kartentasche verstaut sein, damit immer wieder überprüft werden kann, ob der richtige Weg eingehalten wird.

➤ Zum Überprüfen der Route eignen sich besonders Geländeabschnitte, die einen freien Blick erlauben und natürlich die Stellen, von denen aus man die zuvor auf der Karte markierten Geländepunkte sehen kann. Je unüberschaubarer das Gelände ist, desto häufiger sollte man sich vergewissern, ob der richtige Weg eingehalten wird.

Einnorden der Karte

Um festzustellen, ob die Karte mit einem bestimmten Geländeabschnitt übereinstimmt, muss die Karte nach Norden ausgerichtet werden, d.h. die Gitterlinien müssen in Richtung Nord zeigen. Ohne Kompass wird das nur mit einer gewissen Ungenauigkeit möglich sein.

➤ Zum Einnorden ohne Kompass sucht man sich eine markante Geländeform (Höhenrücken, Flusslauf, Taleinschnitt, Waldgrenze etc.). Sie muss auf der Karte eindeutig identifizierbar sein. Nun wird die Karte so lange gedreht, bis die Geländeformation auf der Karte in die gleiche Richtung zeigt, wie die entsprechende Form im Gelände. Die Gitterlinien weisen nun in Richtung Norden.

Feststellen des Standortes

➤ Um den Standort festzustellen, wird die nähere Umgebung mit der nach Norden ausgerichteten Karte verglichen. Die Standortbestimmung sollte man nie mit nur einem flüchtigen Blick auf die Karte festlegen, sonst verläuft man sich mit großer Sicherheit. Allzu oft ähneln sich die Geländeabschnitte – und der Bereich, den man vom Boden aus einsehen kann, ist weit geringer als das, was man aufgrund des Kartenbilds zu sehen glaubt. Man sollte immer nach mehreren markanten Geländepunkten suchen und sie mit den Einzeichnungen in der Karte vergleichen. Dabei ist es wichtig, dass die Eintragungen genau das zeigen, was man sieht. So muss z.B. die Flussbiegung den Steilhang an der Stelle haben, an der er in der Karte eingezeichnet ist, oder der Wald sollte aus Laubbäumen bestehen – wie in der Karte. Ein Gebäude sollte auch tatsächlich mit dem Giebel nach Nordwesten zeigen, so wie es in der Karte vermerkt ist.

➤ Hat man die markanten Punkte mit der Karte in Übereinstimmung gebracht, werden entlang der Sichtlinien auf der Karte Linien gezogen. Der Schnittpunkt dieser Linien bezeichnet den eigenen Standort.

Zeit der Standortbestimmung

➤ Ist man überzeugt, den richtigen Standort auf der Karte gefunden zu haben, sollte man die Zeit der Standortbestimmung auf der Karte eintragen. Dies hilft bei einem Unfall, den ungefähren Standort festzulegen, vor allem, wenn man sich in unübersichtlichem Gelände befindet.

➤ Anhand der Zeit, die seit der letzten Standortbestimmung vergangen ist, und der Marschgeschwindigkeit kann der ungefähre Standort ermittelt werden. Die Kenntnis des eigenen Standorts ist eine der wichtigsten Voraussetzungen für das Einleiten von Rettungsmaßnahmen.

Orientieren mit Kompass

* Der Kompass, oder genauer der Magnetkompass, ist ein kleines, kompaktes Navigationssystem, mit dem Richtung und Winkel festgestellt werden können. Bei einer guten Kartenvorbereitung wird der Kompass während einer Trekking-Tour nur selten benötigt. Die Orientierung erfolgt weitgehend nach Karte und Sicht. Im unwegsamen Gelände und/oder bei schlechter Sicht kommt man ohne Kompass nicht aus. Nur mit seiner Hilfe kann eine vorgegebene Marschrichtung eingehalten werden.
* Er ist ein wichtiges Hilfsmittel, um beim Verirren oder bei Unsicherheiten über die eigene Position eine genaue Standortbestimmung durchzuführen. Ein guter Kompass sollte deshalb auf jeder Reise in unbekanntes Gelände mitgeführt werden.

Aufbau des Kompasses

Der einfachste Kompass besteht aus einer verschlossenen, durchsichtigen Dose, in der sich eine Magnetnadel frei bewegt. Ein solcher Kompass zeigt die Richtung nach Magnetisch-Nord genauso exakt an wie ein moderner. Für die Ausarbeitung einer Trekking-Tour und für eine Standortbestimmung im Gelände ist er jedoch nicht verwendbar. Hierfür haben sich die modernen Lineal - und Spiegelkompasse bewährt.

Lineal- und Spiegelkompasse

Die Kompasstypen bestehen, sieht man von einigen Besonderheiten der einzelnen Hersteller ab, generell aus Folgendem:

* **Dose:** Sie ist durchsichtig und drehbar. Auf dem Boden sind dicht nebeneinander parallel verlaufende Gitterlinien eingraviert. Am Rand befindet sich eine Winkeleinteilung in Grad, Gnon oder Strich. Gute Kompasse verfügen über einen Nordpfeil und einen verstellbaren Missweisungsausgleich.
* **Magnetnadel:** Sie ist wie ein Stab geformt und frei beweglich in der Mitte der Dose gelagert.

Das Nordende der Nadel ist meist rot. Damit sich die Nadel nach einem Ausschlag schnell beruhigt und beim Peilen von Hand nicht zittert, ist sie flüssigkeitsgedämpft.

* **Grundplatte aus Plastik:** Sie dient zur Aufnahme der Kompassdose. Gleichzeitig sind die beiden Längskanten als Lineal für die Kursbestimmung gedacht. Sie verfügen gewöhnlich über eine Zentimeter- und eine Incheinteilung. Außerdem enthält die Platte einen Planzeiger mit verschiedenen Maßstäben, einen Richtungspfeil und bei einigen Modellen auch eine Lupe.
* **Spiegel** (nur beim Spiegelkompass): Er ist beweglich und ermöglicht beim Peilen im Gelände die gleichzeitige Beobachtung der Kompassnadel und des angepeilten Geländepunkts. In der Mitte des Spiegels befindet sich meist ein Strich, der das Peilen von Objekten erleichtert. Im Spiegelgehäuse ist zum Peilen eine Kimme eingearbeitet.

Wichtig beim Kompasskauf

* Die Kompassnadel ist gewöhnlich so konstruiert, dass sie nur auf einer Erdhalbkugel (Nord- oder Südhalbkugel) einwandfrei arbeitet. Auf der jeweils anderen Erdhalbkugel neigt sie zum Verkannten bzw. zum Hängenbleiben. Benötigen Sie einen Kompass, der auf allen Kontinenten gleichmäßig genau arbeitet, müssen Sie einen Kompass wählen, der diesen Nachteil automatisch ausgleicht.
* Die Grundplatte sollte möglichst groß sein, damit sich die Anlegekanten als Lineal für die Kursbestimmung eignen.
* Die Dose sollte so groß wie möglich sein, damit mit den Gitterlinien genau gearbeitet und die Gradeinteilung gut abgelesen werden kann.
* Der Kompass sollte robust sein, damit er auch bei harten Belastungen nicht kaputtgeht.
* Kompasse, z.B. in Griffen von »Survival-Messern« oder an Schlüsselanhängern, sind für eine ernsthafte Kompassarbeit ungeeignet. Ihre Benutzung ist selbst in Notfällen wegen möglicher grober Fehlanzeigen bedenklich.

Ausgleich der Missweisung

Bei der Übertragung von Kursen oder Winkeln von der Karte in das Gelände oder umgekehrt muss die Missweisung in unterschiedlicher Weise berücksichtigt werden. Bei einer westlichen Missweisung zeigt die Magnetnadel auf einen Wert, der links von Karten-Nord liegt. Bei einer östlichen Missweisung zeigt die Nadel auf einen Wert, der rechts von Karten-Nord liegt. Gemessen wird entweder der Karten- oder der Geländewinkel. Der jeweils fehlende Winkel muss für jede neue Messung errechnet werden.

Bei Übertragung von Kursen aus der Karte ins Gelände

➤ Bei westlichen Missweisungen wird der Wert der Missweisung zum Kartenwinkel addiert.
Beispiel: Ein Kartenwinkel von 100° ergibt bei einer westlichen Missweisung von 20° einen Geländewinkel von 100 + 20 = 120°.

➤ Bei östlichen Missweisungen wird der Wert der Missweisung vom Kartenwinkel abgezogen.
Beispiel: Ein Kartenwinkel von 100° ergibt bei einer östlichen Missweisung von 20° einen Geländewinkel von 100 – 20 = 80°.

Bei Übertragung von Kursen aus dem Gelände in die Karte

➤ Bei westlichen Missweisungen wird der Wert der Missweisung vom Geländewinkel abgezogen.
Beispiel: Ein Geländewinkel von 120° ergibt bei einer westlichen Missweisung von 20° einen Kartenwinkel von 120 – 20 = 100°.

➤ Bei östlichen Missweisungen wird der Wert der Missweisung zum Geländewinkel addiert.
Beispiel: Ein Geländewinkel von 80° ergibt bei einer östlichen Missweisung von 20° einen Kartenwinkel von 80 + 20 = 100°.

Bei Kompassen mit Missweisungsausgleich

Damit man sich die Mühe erspart, bei jeder Messung des Kurses erneut die Missweisung zu berechnen, wurden Kompasse mit Missweisungsausgleich entwickelt. Bei diesen Geräten muss die Missweisung für ein Kartenblatt nur einmal eingestellt werden. Sie wird erst bei Verwendung eines anderen Kartenblatts geändert.

Praktische Anwendung des Kompasses

Bei der Arbeit mit Karte und Kompass ist darauf zu achten, dass alle Winkel (Kartenwinkel und Geländewinkel) im Uhrzeigersinn abgelesen werden.

Einnorden der Karte

➤ Der Kompass wird auf die Karte gelegt und eine Gitterlinie des Dosengitters oder der Nordpfeil werden mit den Nordlinien des Kartengitters ausgerichtet.

➤ Die Karte wird nun so lange gedreht, bis die Magnetnadel auf der Nordmarkierung des Kompasses steht. Karte und Kompass zeigen nun in dieselbe Richtung. Wichtig: die Missweisung beim Einnorden berücksichtigen!

Kursbestimmung

➤ Standort und Ziel werden mit einer Linie verbunden. Dazu kann bei ausreichend langer Anlegekante der Kompass benutzt werden. Der Kurspfeil des Kompasses zeigt dabei parallel zum Ziel. Die Dose wird nun so lange gedreht, bis die Nordmarke nach Karten-Nord zeigt und das Dosengitter parallel zu den Nordlinien der Karte verläuft.

➤ Der Kurswinkel (Winkel zwischen Karten-Nord und Richtungspfeil) kann nun am Richtungspfeil abgelesen werden.

Übertragen des Kurswinkels von der Karte ins Gelände

➤ Der Kompass mit dem eingestellten Kurswinkel wird mit der Hand waagerecht vor den Körper gehalten. Der ganze Körper wird nun ohne den Kompass zu bewegen so lange gedreht, bis die Magnetnadel auf der Nordmarkierung steht (Missweisung beachten!). Der Kurspfeil zeigt jetzt in Richtung Kurswinkel.

➤ In einer gedachten Verlängerung des Kurspfeils sucht man sich in kürzeren Abständen markante Geländepunkte als Hilfsziele, um den Kurswinkel im Gelände zu fixieren. Man kann nun, ohne den Kompass weiter zu benötigen, von einem Hilfsziel zum anderen wandern.

➤ Bei einem Spiegelkompass stellt man den Spiegel so ein, dass man die Kompassdose sehen kann, wenn man in Augenhöhe über die Visiereinrichtung peilt. Der Mittelstrich des Spiegels muss senkrecht stehen und in einer gedachten Linie von der Achse der Magnetnadel zum Visier laufen.

➤ Der ganze Körper wird nun so lange gedreht, bis die Kompassnadel nach Norden zeigt. Die Mittellinie des Spiegels muss entlang der Magnetnadel verlaufen. In Peilrichtung sucht man sich markante Geländepunkte als Hilfsziele.

Bestimmen des eigenen Standortes im Gelände

Methode 1

➤ 2 (oder mehrere) markante Geländepunkte, die möglichst weit von einander entfernt liegen und auf der Karte eindeutig identifizierbar sind, werden ausgewählt.

➤ Der Kurspfeil des Kompasses wird auf den 1. Geländepunkt gerichtet. Die Kompassdose wird so lange gedreht, bis die Nordmarkierung auf die Kompassnadel zeigt. Der Winkel zwischen Nordmarkierung und Richtungspfeil wird auf die Karte übertragen. Der Kompass wird dazu auf der Karte mit einer der vorderen Ecken der Anlegekanten an den angepeilten Geländepunkt gelegt und so lange auf der Karte um diesen Punkt gedreht, bis die Dosengitterlinien und die Nordmarkierung parallel zu den Nordlinien der Karte liegen (Missweisung beachten!). Entlang der Anlegekante wird ein Strich gezogen.

➤ Die gleiche Messung wird mit dem 2. Geländepunkt, eventuell mit dem 3. wiederholt. An dem Schnittpunkt der in der Karte eingezeichneten Linien befindet sich der eigene Standort.

Methode 2

➤ Man hat eine Straße, einen Fluss, ein Seeufer oder eine sonstige Geländelinie erreicht, weiß aber nicht, an welchem Punkt dieser Geländelinie man sich befindet. In diesem Fall sucht man sich wie oben beschrieben einen markanten Punkt im Gelände und peilt diesen mit dem Kompass an.

➤ Der ermittelte Winkel wird wie beschrieben auf die Karte übertragen.

➤ Die Schnittlinie mit der Straße, dem Fluss oder der Geländelinie bezeichnet den eigenen Standort.

Fehler bei der Arbeit mit dem Kompass

Damit mit dem Kompass genaue Werte ermittelt werden können, muss man darauf achten, dass der Kompass waagerecht gehalten wird und er nicht in der Nähe von magnetischen Quellen, batteriebetriebenen Geräten, elektrischen Anlagen, Hochspannungsleitungen, Gittermasten, Fahrzeugen, eisenhaltigen Gegenständen wie beispielsweise Waffen, Werkzeugen, breiten Gürtelschnallen, Armbanduhren etc. benutzt wird.

Orientieren mit GPS

Ein Orientierungssystem, das sich immer mehr durchsetzt, ist das GPS. Es ist ein elektronisches System, das ursprünglich für die US-Army entwickelt wurde. Wie jedes batteriebetriebene System kann es ausfallen. In der Wildnis, wo es keine Reparaturmöglichkeiten gibt, wäre dies fatal, ja könnte tödlich sein. Deshalb kann GPS, so gut und zuverlässig es auch sein mag, niemals eine Karte und den Kompass ersetzten.

Was ist eigentlich GPS?

✷ GPS steht für Global Positioning System oder zu deutsch: weltweite Standortbestimmung.
✷ Es ermittelt den eigenen Standort durch Satellitennavigation. Eine Anzahl von Navigationssatelliten melden im Abstand von einer Sekunde ihre Position zur Erde. Mit Hilfe von Empfängern in den GPS-Geräten werden die Satellitensignale aufgefangen, korreliert und zu Angaben über Position und Höhe umgewandelt.
✷ Das GPS-System wurde vor einigen Jahren auch für die private Nutzung zugänglich gemacht, allerdings wurde die Messgenauigkeit für die zivile Navigation durch einen Fehlercode von der US-Regierung künstlich auf einen Radius von 100 bis 200 m begrenzt.
✷ Seit dem 1. Mai 2000 ist die Begrenzung aufgehoben, so dass jetzt der eigene Standort mit einer Messgenauigkeit weltweit von 10 m und darunter bestimmt werden kann.
✷ Vorteilhaft bei diesem System ist, dass es wetter- und sichtunabhängig ist. Allerdings benötigen die GPS-Empfänger Verbindung zu mehreren Satelliten. Der Empfang von Satellitensignalen kann deshalb unter einem dichten Blätterdach oder zwischen Häuserschluchten eingeschränkt sein.

Welche Informationen liefert das GPS?

Welche Daten zur Navigation verfügbar sind, hängt von der Qualität des GPS-Gerätes ab. Ein gutes Gerät für Einsteiger ist z.B. das Garmin GPS 12, das für unter 200 Euro angeboten wird, aber auch andere Hersteller haben Geräte mit ähnlicher Güte und Preis im Angebot.

Koordinaten
Geräte der genannten Preisklasse liefern Standortkoordinaten in Länge und Breite für unterschiedliche Kartensysteme (geografische Koordinaten, UTM etc.). Die jeweils verwendeten Kartensysteme müssen zuvor als Eingabedaten im GPS-Gerät gespeichert werden. Um die Koordinaten zur Orientierung zu benutzen, müssen sie auf eine Karte übertragen werden.

Track (Weg)
Der zurückgelegte Weg wird in Form von kleinen Punkten sowie der dazugehörigen Orts-, Zeit- und Geschwindigkeitsangaben aufgezeichnet. Die Daten können gespeichert werden. Den Abstand der Punkte (alle 100 m oder 300 m) kann der Benutzer zuvor festlegen.

Trackback (Umkehr)
Mit dieser Funktion kann man auf dem Weg, den man gegangen ist, zurückkehren. Man wird vom Gerät an den Ausgangspunkt zurückgeführt.

GOTO (Gehe nach)
Diese Funktion zeigt die Richtung und die Entfernung vom Standort zum Ziel an, wobei unter Ziel das als nächstes eingegebene Hilfsziel verstanden wird.

Wegepunkte
Hierunter werden Geländepunkte verstanden, die über eine manuelle Koordinateneingabe definiert wurden. Sie können je nach Gerät zusätzlich mit einem Namen oder einem Symbol gekennzeichnet werden.

Route (Streckenführung)
Einzelne Wegepunkte können zu Routen zusammengestellt werden. Die Routen zeigen den geplanten Verlauf des Marsches an. Anhand der tatsächlichen Standortbestimmungen während des Marsches kann erkannt werden, ob man sich auf Kurs befindet oder vom Weg abgekommen ist, und dann entsprechende Korrekturen einleiten. Bei den angesprochenen Geräten können etwa 500 Wegepunkte, verteilt auf verschiedene Routen, vorab gespeichert werden.

Kartendarstellung
* Auf fast allen Geräten der angesprochenen Kategorie lassen sich Karten vom Hersteller abspeichern.

✷ Bei diesen Karten handelt es sich um so genannte Vektorkarten. Dies sind Karten, die einer Straßenkarte ähneln, d.h. es werden vorwiegend Straßen und Orte etc. abgebildet.

✷ Neben den werksseitig eingebenen Karten gibt es im Allgemeinen noch Platz für einen zusätzlichen Chip, auf den eine andere Kartendatei programmiert ist (z.B. ein Kartensatz von Kanada).

✷ Einige Geräte bieten auch die Möglichkeit, einen Kartenchip mit einem entsprechenden Zusatzgerät zu überspielen. Das zu überspielende Kartenmaterial muss allerdings vom Hersteller entsprechend seines Gerätes vektorisiert worden sein.

Zusatzgeräte

Die Funktionsbreite der GPS-Geräte kann je nach Hersteller durch unterschiedliche Zusatzgeräte erweitert werden. Die Palette reicht vom Anschluss eines Kartenplotters, auf dem ähnlich wie auf einem Computer mit Hilfe von Karten Routen und Standorte ermittelt werden können, bis hin zum Anschluss eines Laptop-Computers. Die Geräte sind dann jedoch sehr viel teurer.

Orientieren mit einem Höhenmesser

- Ein Höhenmesser kann bei Wanderungen im Gebirge von Nutzen sein, da er je nach Qualität des Gerätes die Höhe im Meterbereich angibt. In Verbindung mit den Höhenlinien einer Karte kann der eigene Standort dadurch auch bei schlechtem Wetter in etwa bestimmt werden.
- Problematisch ist jedoch, dass der Höhenmesser die Höhenangaben aus dem gemessenen Luftdruck umwandelt. Dadurch unterliegen die Angaben den witterungsbedingten Luftdruckschwankungen und sind deshalb nur unter Vorbehalt nutzbar.

Orientieren mit Schrittzähler

✷ Schrittzähler sind eine Hilfe bei der Ermittlung der zurückgelegten Entfernung. Sie werden am Körper getragen und reagieren auf die Erschütterungen des Körpers, die durch jeden Schritt verursacht werden.

✷ Sie geben die zurückgelegte Entfernung gewöhnlich in Meter, Fuß oder Meilen an.

✱ Sehr hilfreich sind sie, wenn in einem unübersichtlichen Gelände ein Hindernis (Moor) nur mit Hilfe eines Kompasses umgangen werden muss. Die Abweichung vom Kurs kann dadurch in jede Richtung genau ermittelt werden und erleichtert so das Zurückfinden auf die ursprüngliche Marschroute.

Ein Beispiel

➤ Die Marschroute verläuft von Süd nach Nord. Ein morastiges Gelände muss nach Osten hin umgangen werden.

➤ Man geht dazu 2000 Schritte nach Osten, schwenkt dann für 1000 Schritte nach Norden, schwenkt danach wieder nach Westen und erreicht schließlich nach 2000 Schritten wieder den ursprünglichen Kurs.

Orientieren anhand der Natur

Eine Orientierung anhand von Sonne, Sternen oder anderen Naturmerkmalen ist in der Regel ziemlich ungenau und sollte nur im Notfall zur allgemeinen Richtungsbestimmung dienen. Die im Folgenden aufgeführten Möglichkeiten beziehen sich auf die Nordhalbkugel. Auf der Südhalbkugel sind sie spiegelbildlich anzuwenden.

Ungefähre Süd-Nord-Richtung mit Hilfe der Sonne

➤ Die Sonne steht mittags um 12:00 h im Süden. Morgens um 06:00 h ist sie im Osten und um 18:00 h im Westen.

➤ Da diese Werte je nach Jahreszeit variieren, ist eine Richtungsbestimmung nach dem Sonnenstand nur eine sehr ungenaue Orientierung.

Ungefähre Süd-Nord-Richtung mit Sonne und Uhr

Dieses Verfahren wird zuverlässiger, je weiter nördlich die Messung genommen wird.

➤ Der kleine Zeiger wird auf die Sonne ausgerichtet, dabei ist Voraussetzung, dass die Uhr auf die jeweilige Ortszeit eingestellt ist.

➤ Die gedachte Winkelhalbierende zwischen kleinem Zeiger und der 12 weist in Richtung Süden. Entgegengesetzt liegt demzufolge Norden. Vormittags wird die linke Uhrseite und nachmittags die rechte Uhrseite benutzt.

➤ Wurde die Uhr auf Sommerzeit eingestellt, muss sie vor der

Messung auf Normalzeit umgestellt werden.

Ungefähre Nord-Süd-Richtung mit Mond und Uhr

Bei diesem Verfahren gilt es, die Größen der Mondphasen möglichst genau zu schätzen, besser wäre es, wenn man sie aus einem Kalender ablesen könnte.

➤ Bezugspunkte sind der Vollmond und der Neumond. Der Vollmond repräsentiert 12/12 und der Neumond 0/12. Der Vollmond, der um 1/4 abgenommen hat, würde demnach noch 9/12 groß sein. Hat er um 1/2 abgenommen, ist er noch 6/12 groß. Bei zunehmendem Mond gelten die Größenangaben entsprechend. Der Neumond, der um 1/4 zugenommen hat, ist 3/12, bei 1/2 ist er 6/12 groß.

➤ Die ermittelten Mondgrößen werden nun von der Uhrzeit (bezogen auf Ortszeit und 24-Stunden-Einteilung) subtrahiert bzw. addiert, wobei zunehmender Mond abgezogen und abnehmender Mond dazu gezählt wird (6/12 zunehmender Mond um 21:00 h ergibt 21 – 6 = 15 h).

➤ Die so ermittelte Uhrzeit gibt den augenblicklichen Stand der Sonne an. Die Uhrzeit (15:00 h) wird nun auf den Mond gerichtet. Die Südrichtung liegt genau zwischen 15:00 und 12:00 h.

Ungefähre Himmelsrichtung durch Schatten

Methode 1

Ist die Sicht so schlecht, dass man den Standort der Sonne nicht ausmachen, aber noch einen difusen Schatten erkennen kann, lässt sich der Standort der Sonne wie folgt bestimmen.

➤ Ein Messer wird dazu mit der Spitze senkrecht auf eine helle, glatte Oberfläche gestellt und auf der Spitze leicht nach links und rechts gedreht. Die Stelle, die den schmalsten Schatten wirft, bestimmt den Standort der Sonne. Er liegt dem Schatten gegenüber. In diese Richtung wird nun der kleine Zeiger der Uhr gehalten. Die Mitte zwischen kleinem Zeiger und der 12 bestimmt die grobe Südrichtung.

➤ Bis 12:00 h mittags wird die linke Uhrhälfte benutzt, danach die rechte Uhrhälfte.

Methode 2

➤ Ein Stock wird am Vormittag senkrecht in ein geebnetes Stück Boden gesteckt. Das Ende des Schattens wird auf dem Boden markiert. Durch den markierten Punkt wird mit Hilfe eines Bandes um den Stock ein Kreis gezogen.

➤ Nun muss so lange gewartet werden, bis am Nachmittag die Spitze des Schattens erneut auf dem Kreis liegt. Die beiden Punkte werden miteinander verbunden und die so entstandene Strecke halbiert.

➤ Die Linie, die vom Stock aus durch den Halbierungspunkt läuft, weist nach Norden.

Methode 3

Im Gegensatz zu Methode 2 kann so die Himmelsrichtung nur sehr grob bestimmt werden.

➤ Ein Stock wird am Vormittag senkrecht in ein geebnetes Stück Boden gesteckt. Das Ende des Schattens wird auf dem Boden markiert. Nun wartet man, bis der Schatten ein Stück weiter gewandert ist, markiert die Schattenspitze und verbindet die beiden Punkte miteinander. Die Linie gibt die Ost-West-Richtung an.

Himmelsrichtung mit dem Nordstern bestimmen

Der Nordstern ist am Himmel leicht auszumachen. Er ist sehr hell und steht in der 5fachen Verlängerung der Hinterachse im »Großen Wagen«. Gleichzeitig ist er der 1. Stern der Deichsel im »Kleinen Wagen«.

➤ Der Nordstern steht genau über dem geografischen Nordpol. Wenn man ihn anvisiert und sich am Horizont eine auffällige Landmarke sucht, die senkrecht unter ihm zu liegen scheint, hat man die Nordrichtung ermittelt.

➤ Anhand dieser Landmarke kann man seinen Kurs absetzen und am Tage marschieren.

Himmelsrichtung im Süden bestimmen

Auf der Südhalbkugel wird anstelle des Nordsterns das »Kreuz des Südens« zur Ermittlung der Südrichtung genommen. Man findet es, wenn man nach einer dunklen Stelle in der Milchstraße Ausschau hält.

➤ Die Südrichtung wird ermittelt, indem die Längsachse des Kreuzes 4,5-mal in Achsenrichtung verlängert wird. Von diesem am Himmel gedachten Punkt sucht man sich senkrecht darunter am Horizont eine auffällige Landmarke. Sie markiert vom eigenen Standort aus gesehen Süden.

Kleine Wetterkunde

Vom richtigen Einschätzen der Wetterlage kann das Überleben in der Wildnis abhängen. Es ist deshalb wichtig, seine Sinne auf diesem Gebiet durch ständiges Beobachten von Wetter und Umwelt zu schulen. Sie sollten in der Lage sein, Wetterkarten zu lesen, Wetterberichte zu verstehen und Wetterentwicklungen anhand von Naturmerkmalen zu erkennen.

Lesen einer Wetterkarte

Ein wichtiges Hilfsmittel, sich einen Überblick über die Großwetterlage zu verschaffen, sind Wetterkarten, die von den Wetterämtern herausgegeben werden. Man kann sie aber auch, meist gekürzt, den lokalen Tageblättern oder dem örtlichen Fernsehen entnehmen. Da der Aufbau der Wetterkarten international weitgehend standardisiert ist, können sie, sofern man mit den Symbolen vertraut ist, auch ohne Kenntnisse der Landessprache gelesen werden.
Bei mehrwöchigen Touren, vor allem im Winter, sollten die Wetterberichte und Wetterkarten der letzten Jahre studiert werden. Aus ihnen kann der Reisende einen Einblick in die möglichen Wetterlagen im Zielgebiet gewinnen und bereits bei den Vorbereitungen die notwendigen Vorkehrungen treffen.

Darstellungen in der Wetterkarte

Großwetterlagen wie Tiefdruckgebiete (Tief) werden durch ein T, Hochdruckgebiete (Hoch) durch ein H gekennzeichnet.

Tief

Ein Tief besteht gewöhnlich aus einem Zentrum mit niedrigem Luftdruck und aus einer Warmfront, der eine Kaltfront nachfolgt. Die Zugrichtung der Luftströmungen wird durch Pfeile gekennzeichnet: ➡ für Kaltluft und ⇨ für Warmluft. Die Größe eines Tiefs ist abhängig von der Stärke der Luftmassen, die es aufbauen und erhalten. Bei einem Tief muss mit Wolken, Regen, Wind und schlechter Sicht gerechnet werden.

Hoch

Ein Hoch ist ein Gebiet, in dem ein hoher Luftdruck herrscht. Es führt im Sommer warmes, trockenes, sonniges, im Winter kaltes, oftmals nebliges Wetter mit sich. Der Himmel ist meistens blassblau gefärbt und leicht dunstig. Ein farbenprächtiges Abendrot ist ein Kennzeichen für ein ausgeprägtes Hoch.

Isobaren

Die Punkte gleichen Luftdrucks innerhalb der Tief- und Hochdruckgebiete werden durch Linien, den Isobaren, verbunden. Die Höhe des Luftdrucks wird auf diesen Linien vermerkt.

Wetterfronten

Warmfront

Eine Warmfront wird durch einen Strich mit Halbkreisen markiert. Bei einer Warmfront schieben sich warme Luftmassen über die vor ihr liegende kalte Luft. Da die warme Luft viel Feuchtigkeit enthält, beginnt sie mit zunehmender Höhe zu kondensieren. Großflächige Wolkenfelder entstehen. Es beginnt zu nieseln, später zu regnen. Die Luft wird dadurch noch mehr mit Feuchtigkeit gesättigt. Kühlt die kalte Bodenluft noch weiter ab, können weiträumige Bodennebel enstehen. Eine Warmfront kann je nach Temperatur und Feuchtigkeit jede Art von Gewitter mit sich führen. Die Geschwindigkeit, mit der sie heranzieht, ist gering.
Eine Warmfront kündigt sich zunächst durch Schleierwolken (Cirrus) in großen Höhen an. Es folgen großflächige Wolkenteppiche in großen Höhen (Cirrostratus), danach eine geschlossene Wolkendecke in mittleren Höhen (Altostratus) und schließlich weite Regenwolkenfelder in niedrigen bis mittleren Höhen (Nimbostratus).

Kaltfront

Eine Kaltfront wird durch eine Linie mit Dreiecken markiert. Sie zieht in der Regel schneller auf als eine Warmfront und schiebt ihre kalte Luft unter die warme, die so schneller abgekühlt wird. Haufenwolken (Cumulus) bilden sich. Zuerst kleinere, dann rasch wachsende bis hin zu großen Regenwolken (Cumulusnimbus). Das Regengebiet kann eine ausgedehnte Gewitterfront mit sich führen. Nach Durchzug einer Kaltfront klart es in der Regel schnell auf.

Okklusionsfront (Mischfront)

Sie wird mit einer Linie mit Dreiecken und Halbkreisen dargestellt. Sie besteht aus warmer Luft, die von 2 kalten Luftmassen begrenzt wird. Die Warmluft wird durch die kalte Luft nach oben gedrückt, kühlt sich ab und löst sich dabei langsam auf. Die Witterung in einer Mischfront ist ein Gemisch aus Warm- und Kaltfront. Im Allgemeinen zeigt sich zunächst die langsamere Wetterentwicklung der Warmfront. Ihr folgen dichtauf die Wettersymptome der Kaltfront.

Kennzeichnung von Bewölkungsgraden

- wolkenlos
- heiter (1/4 bedeckt)
- wolkig (1/2 bedeckt)
- stark bewölkt (3/4 bedeckt)
- bedeckt
- Dunst
- starker Dunst
- Bodennebel
- Nebel (Sicht > 1 km)
- Staub- oder Sandsturm

Darstellung der Wolkenformen

- Cirruswolken: Eiswolken, federförmig
- Cirrostratus: Eiswolken, schleierförmig
- Cirrocumulus: Eiswolken, Haufenwolken
- Altostratus: dünne Schichtwolken aus Eis und Wasser
- Nimbostratus: dichte Schichtwolken aus Eis und Wasser
- Altocumulus lenticularus: linsenförmige Wolken aus Eis und Wasser
- Altocumulus: dicke Haufenwolken aus Wasser
- Stratocumulus: Quellwolkenbänke aus Wasser
- Stratus: hochnebelartige, geschlossene Wolkendecke
- Cumulus: Haufenwolken
- Cumulusnimbus: Regenwolken

Darstellung der Wettererscheinungen

	Schneetreiben	•	Regen
,	Nieselregen	(•)	Regen in der Umgebung
∗	Schneefall		Regen mit Schnee
⟷	Eisnadeln	▽	Schauer
△	Graupeln	▲	Hagel
	Gewitter		Ferngewitter
	Wetterleuchten		nach Regen
	nach Gewitter		

Zeichen für Windstärken

◎	Windstille oder sehr schwach
	2 kn – etwa 4 km/h
	5 kn – etwa 9 km/h
	10 kn – etwa 19 km/h
	15 kn – etwa 28 km/h
	20 kn – etwa 37 km/h
	45 kn – etwa 83 km/h
	50 kn – etwa 93 km/h

Einschätzen des Wetters anhand der Wolkenbildung

✱ Wolken sind 3-dimensionale Gebilde, die einem ständigen Wechsel unterworfen sind. Selbst bei gleich bleibender Wetterlage wird sich das Wolkenbild von Stunde zu Stunde verändern.

✱ Wolken enstehen durch das Aufsteigen erwärmter Luft. Die in ihr enthaltene Luftfeuchtigkeit kondensiert mit zunehmender Höhe. Kleinste Wassertropfen bilden sich zu Nebeln, die sich zu Wolken verdichten.

✱ Benannt werden die Wolken nach ihrer Form. Haufenwolken werden Cumulus, Schichtwolken Stratus und Schleierwolken Cirrus genannt. Je nach der Höhe, in der sie auftreten, bekommen sie den Zusatz Alto für mittlere Höhen (ab 2000 bis ca. 6000 m) und Cirro ab 6000 m. Innerhalb dieses Rahmens gibt es wiederum verschiedene Unterstufen, z.B. Cirrocumulus (vereiste Haufenwolken).

✱ Für die Beurteilung der Wetterentwicklung durch Beobachtung ist die Kenntnis der verschiedenen Wolkennamen nicht wichtig. Sie ist jedoch zum Verständnis und zur Interpretation einer Wetterkarte notwendig.

Haufenwolken (Cumulus)
Sie können je nach Ausprägung auf schönes Wetter, aber auch auf Unwetter mit Regen, Gewitter und Hagel hindeuten.

Schönwetterzeichen: Nach einem schönen Morgen bilden sich in niedrigen Höhen etwa ab Mittag kleine Wolkenhaufen mit klaren Konturen. Sie behalten bis zum Abend ihre Größe.

✱ Nach anhaltendem Regen lockert die Wolkendecke auf, es bilden sich kleine Cumuli.

✱ In mittleren und großen Höhen zeigen sich am Morgen Bänder von kleinen Cumulus-Wolken (Altocumulus und Cirrocumulus), die sich mit zunehmender Wärme auflösen.

✱ Erst gegen Abend bilden sich in mittleren Höhen kleine Haufenwolken (Altocumulus).

Zeichen schlechten Wetters: Cumuli, die sich in niedrigen Höhen zum Abend hin zu einem Wolkenteppich verdichten, können in der Nacht zu Regen und Gewitter führen.

✱ Cumuli, die sich schon am Morgen verdichten, künden schlechtes Wetter an.

✱ Aus Cumulus-Wolken, die

sich während des Tages zu Bergen auftürmen, können örtliche Schauer mit Böen entstehen.
✱ Riesige, dunkle, fast schwarze Cumulus-Massen (Cumulusnimbus), die mit ihren Spitzen bis in die Vereisungszonen reichen, deuten auf kurz bevorstehende Gewitter mit wolkenbruchartigen Regenfällen und kräftigen Sturmböen hin. Zeigen sich gelbe Verfärbungen in der Peripherie des Gebildes, muss mit Hagelschlag gerechnet werden.
✱ Schnell in mittleren Höhen aufziehende Cumulus-Bänder (Altocumulus) deuten auf Wetterverschlechterung hin. Verdichten sie sich, muss mit Regen gerechnet werden.

Schichtwolken (Stratus)
✱ Tief liegende, großflächige, dichte, wenig strukturierte Wolkenlagen können im Spätherbst oder Winter zu lange anhaltendem Hochnebel führen. Ziehen diese Wolkengebilde in mittleren oder großen Höhen auf, bringen sie meist anhaltenden Regen.
✱ Verdecken dünne Schichtwolken den Mond (Milchglaseffekt), ist innerhalb der nächsten Stunden mit einer Wetterverschlechterung zu rechnen.

Schleierwolken (Cirrus)
Schleierwolken treten nur in großen Höhen auf. Ziehen sie auf, deuten sie auf eine Wetterverschlechterung innerhalb der nächsten 1 bis 2 Tage hin.

Wolkengemische
✱ Verschiedene Wolkenformen in unterschiedlicher Dichte und Höhe zeigen an, dass eine Wetterverschlechterung innerhalb der nächsten Stunden zu erwarten ist.
✱ Ziehen die Wolken in unterschiedliche Richtungen, ist dies ein Anzeichen für lang anhaltenden Regen.

Wettervorhersage anhand von Naturbeobachtungen

Wetter ist einem ständig fließenden Prozess unterworfen. Aus diesem Grund ist es nicht möglich, allgemein gültige Regeln für eine kurzfristige Wettervorhersage zu entwickeln. Jede Klimazone, ja jeder lokale Bereich (Täler, Berggipfel, Ebenen, Seen) hat seine besonderen Merkmale, an denen sich Wetteränderungen ankündigen. Deshalb ist es wichtig, sein Auge für diese Merkmale durch ständiges Beobachten der Natur zu schulen.

Anzeichen für Schönwetter

* Der Tag beginnt mit Frühnebel. Er hält sich in den Tälern oder er sinkt in die Täler.
* Kräftiger Tau oder sogar Reif lagern sich über Nacht auf den Pflanzen ab.
* Ein kräftiges Abendrot bildet sich bei untergehender Sonne.
* Der Morgenhimmel erscheint bei aufgehender Sonne grau und gelblich.
* Der Horizont liegt tagsüber im Dunst.
* Auf einen heißen Tag folgt eine kühle Nacht.
* Rauch steigt senkrecht auf.
* Kondenzstreifen von Flugzeugen lösen sich schnell auf.
* Schwalben fliegen hoch.
* Bergdohlen kreisen um Gipfel.
* Spinnen spannen oder vergrößern ihre Netze.
* Bienen schwärmen früh aus.
* Mücken werden besonders nach Sonnenuntergang lästig.
* Frösche beginnen am Abend ein intensives Quak-Konzert.
* Bergwild weidet auf den höheren Bergwiesen.
* Ameisen tragen ihre Eier an die Oberfläche.
* Blütenpflanzen wie Silberdistel oder Klee halten ihre Blüten offen bzw. aufrecht.

Schlechtwetter droht

* Wenn Nebel aus Tälern steigt
* Wenn Rauch zu Boden drückt
* Wenn sich kein Tau bildet
* Wenn sich Morgenrot zeigt
* Wenn der Mond oder die Sonne von einem Hof (Rand) aus Wolken umgeben sind
* Wenn nachts die Sterne nur flimmernd zu sehen sind
* Wenn tagsüber besonders gute Fernsicht herrscht
* Wenn die Schwalben unruhig im Tiefflug fliegen
* Wenn Bergdohlen in Schwärmen die unteren Bergregionen aufsuchen
* Wenn Spinnennetze straff gespannt sind oder die Spinnen sich verkriechen
* Wenn Bienen morgens nicht ausschwärmen
* Wenn Insekten bereits tagsüber besonders aggressiv sind
* Wenn Ameisen hektisch hin- und herrennen
* Wenn Frösche aus ihren Verstecken kommen
* Wenn Bergwild schützende, bewaldete Regionen aufsucht
* Wenn Schnecken tagsüber auf Grashalme oder Zweige steigen
* Wenn Pflanzen ihre Blüten schließen
* Wenn Fische viel springen

Verhalten in der Wildnis

In den vorherigen Kapiteln wurden Sie mit Themen vertraut gemacht, deren Kenntnisse für ein Bestehen in der Wildnis Voraussetzung sind. Jetzt wird die Theorie durch praktische Hinweise von Trekkern, die schon kritische Situationen gemeistert haben, ergänzt. Die beiden Beispieltouren sollen aufzeigen, mit welchen Situationen ein Trekker rechnen muss und wie er sich zu verhalten hat, um in der Wildnis zu überleben.

Tour 1: Zu Fuß durch den Busch

✱ Die Vorbereitungen sind abgeschlossen. Die Tour ist sorgfältig ausgearbeitet. Die Tagesetappen sind festgelegt. Die Ausrüstung ist überprüft, komplett und funktionsfähig. Trotz der ausführlichen Liste, die angelegt und mehrfach überprüft wurde, wird man schon bald feststellen, dass das eine oder andere vergessen wurde. Ein kurzer Vermerk hierüber in einem Notizbuch wird dazu beitragen, die Ausrüstung für die nächste Tour zu verbessern. Dieses Notizbuch wird noch oft wichtig werden, z.B. als Gedächtnisstütze oder als Möglichkeit, eine Nachricht zu hinterlassen.

✱ Ein Notizbuch mit Bleistift gehört griffbereit in die Außentasche des Rucksacks, nur dann wird man es auch benützen.

Bevor es losgeht

✱ Vor dem Aufbruch in die Wildnis wird die Großwetterlage nochmals überpüft. Die vorgesehene Frischverpflegung wird beim letzten Handelsposten beschafft und das Fahrzeug wird vollgetankt.

✱ Bei den Einheimischen erkundigt man sich über die Besonderheiten des Geländes entlang der Marschroute. Sie können wertvolle Hinweise geben, z.B. wie weit man sich mit dem Fahrzeug in den Busch wagen darf, wo das Schmelzwasser im Frühjahr großen Schaden angerichtet hat oder wo Flüsse zur Zeit unpassierbar sind.

✱ Mit einem Anruf zu Hause sollte die endgültige Route sowie der Tag der Rückkehr in die Zivilisation durchgegeben werden. Es kann nicht schaden, die gleiche Information bei einer vertrauenswürdigen Person vor Ort zu hinterlassen.

Die Wildnis beginnt

✱ Die Planung, die bisher am »grünen Tisch« erfolgte, muss jetzt mit der Wirklichkeit in Einklang gebracht werden. Eine Karte enthält weitaus mehr Details als das Auge beim Betrachten eines Geländeabschnitts vermittelt. Anhand der Wirklichkeit kann jedoch der Schwierigkeitsgrad weitaus besser eingeschätzt werden.

✱ Es gilt nun, ein Gefühl für das vor einem liegende Gelände, für markante Punkte, wie Bergrücken, Flussläufe und Täler, zu entwickeln. Dabei ist Vorsicht geboten, wenn Forstwege und kleinere Schotterstraßen auf ihre Brauchbarkeit hin zu bewerten sind. Die Karten halten nicht Schritt mit den Veränderungen, die der Mensch vornimmt. Auch die Natur trägt zu dieser Irreführung bei, denn Wege verschwinden im Unterholz, wenn sie nicht benützt werden. Die Zufahrt zu zahlreichen Wegen wird auch absichtlich blockiert, um den Zugang zu erschweren und um Flora wie Fauna nach einem größeren Holzeinschlag Erholung zu gewähren.

✱ Für die Geländebeurteilung sollten erhöhte Stellen, die einen guten Überblick bieten, ausgewählt werden. Ein Platz für das erste Nachtlager sollte festgelegt werden. Sinnvoll ist es, 1 oder 2 Alternativen auszuwählen, falls die Schätzung der Marschleistung zu optimistisch war.

✱ Ein besonderes Augenmerk ist auf Details zu richten, die in der Karte nicht eingetragen sind, wie z.B. ein weit gestreckter, abgeholzter Hang, der den Marsch erleichtern kann. Solche zusätzlichen Informationen sollten entweder in die Karte oder in das Notizbuch eingetragen werden.

✱ Sofern man es noch nicht zu Hause getan hat, sollte man sich jetzt einen Wanderstock zurechtschneiden. Ein elastischer, 3 bis 4 cm dicker, gerader Stock aus grünem Holz ist ideal. Er soll so lang sein, dass sein oberes Ende gerade mit ausgestrecktem Arm erreicht werden kann. In schwierigem Gelände hilft er, das Gleichgewicht zu halten, beim Queren eines Hanges kann das Gewicht zur Hangseite teilweise auf ihn verlagert werden. Der Wanderstock wird im Gelände fast zu einem dritten Bein.

Auf dem Marsch

Im hügeligen Gelände bieten sich grundsätzlich 2 Möglichkeiten an, sein Ziel zu erreichen.

✱ **Möglichkeit 1:** Entweder man bleibt in der Talsohle und folgt einem Bach- oder Flusslauf. Hier sind die Chancen groß, einen Wildwechsel zu finden, der das Vorankommen erleichtert. Ist das Gewässer auf der Karte eingezeichnet, braucht man sich keine großen Gedanken bezüglich der Orientierung zu machen. Allerdings muss mit einem erheblichen Umweg gerechnet werden. Außerdem gibt es kaum eine Gelegenheit, sich einen Überblick über das Gelände zu verschaffen, um eine günstigere Route zu finden.

✱ **Möglichkeit 2:** Man sucht sich einen Weg auf halber Höhe entlang eines Hanges. Der Baumbestand wird lichter, je höher man sich hinauf wagt. Häufig wird eine Lichtung einen guten Überblick ermöglichen und erlauben, den exakten Standort zu ermitteln. Oberstes Gebot bei einer Tour in die Wildnis ist, jederzeit zu wissen, wo man sich befindet oder zumindest zu wissen, in welche Richtung man marschieren muss, um an einer bekannten Stelle anzukommen. Einer Höhenlinie zu folgen birgt jedoch ein Risiko: Es ist leicht möglich, unbeabsichtigt in ein Seitental einzuschwenken und so einem Nebenfluss statt des ausgewählten Flusses zu folgen. Karte und Kompass oder die Sonne werden jedoch nach kurzer Zeit anzeigen, dass man in die falsche Richtung marschiert. Ein solcher Fehler lässt sich leicht korrigieren, indem man umkehrt. Wurde der Weg gut markiert, ist dies problemlos. Eine andere Möglichkeit ist, ins Tal zu steigen und an dem irrtümlich gefolgten Wasserlauf so lange zurückzugehen, bis das ursprüngliche Tal wieder erreicht wird.

Richtung halten

✱ Nur in seltenen Fällen und nur über sehr kurze Strecken wird man den Kurs, der direkt zum Ziel führt, einhalten können. Es müssen daher alle verfügbaren Hilfsmittel herangezogen werden, um in regelmäßigen Abständen wieder in die Nähe der geplanten Route zurückzukehren. Karte und Kompass sind hierbei unerlässliche Hilfsmittel.

✱ Niemand wird jedoch mit der Karte in der einen Hand und dem Kompass in der anderen durch den Busch laufen. Auf die Diskrepanz zwischen Karte und Kompass wird hier nochmals hingewiesen.

✱ Karten sind auf den geografischen Nordpol (Seite 70) ausgerichtet, während die Kompassnadel zum magnetischen Pol (Seite 70f.) zeigt. Da sich die Nadel nach den Magnetlinien ausrichtet, kann hier auch noch eine geringfügige Abweichung auftreten. Liegen magnetischer und geografischer Pol vom Betrachtungsort aus gesehen auf einer Linie, ist kein Unterschied festzustellen. Im westlichen Teil Kanadas z.B. beträgt diese Missweisung (Seite 71) mehr als 20° und nimmt zu, je weiter man nach Norden kommt.

Wegweiser Sonne

✱ Die Sonne ist ein zuverlässiger Wegweiser, vorausgesetzt sie scheint. Aber selbst bei leichter Bewölkung ist die Sonnenscheibe durch die Wolkendecke häufig sichtbar.

✱ Es ist allerdings zu berücksichtigen, dass sich Höhen- und Seitenwinkel der Sonne im Lauf des Tages ändern. In 60° nördlicher Breite verändert sich der Seitenwinkel pro Stunde ca. um 15°. Um die Mittagszeit beträgt der Wert etwas mehr (17°), in den Morgen- und Nachmittagsstunden etwas weniger (13°). Der Grund für die unterschiedlichen Werte liegt in der scheinbaren Krümmung der Sonnenbahn, die mittags annähernd horizontal verläuft und morgens und nachmittags steiler ist.

✱ Für die Einhaltung der Richtung wird eine Uhr benötigt (siehe dazu »Orientieren im Gelände«, Seite 83f.)). Hat man vergessen, die Uhr auf die gültige Ortszeit umzustellen, kann man sich wie folgt behelfen: Wenn die Sonne höher steigt und sich ihrem Kulminationspunkt nähert, legt man eine Rast ein und steckt einen geraden Stock in die Erde. Sobald der Schatten am kürzesten ist, ist es 12 Uhr. Die Uhr kann dann gestellt werden.

Wegweiser ohne Sonne

✱ Scheint keine, muss zu anderen Mitteln gegriffen werden. Im halb offenen Gelände werden markante Geländepunkte, die sich in Marschrichtung befinden, angepeilt. Sie sollten möglichst in einer Fluchtlinie liegen.

✱ Ein Geländepunkt kann z.B. ein Felsbrocken sein, der weniger als 1 km entfernt zu erkennen ist. In seiner Verlängerung steht ein einzelner, auffälliger Baum und einige Kilometer dahinter deutet ein Einschnitt zwischen 2 Hügeln auf einen Talgrund hin. Solange mindestens 3 Punkte in eine Linie gebracht wurden, kann man unbesorgt auf dem bequemsten Weg das erste Ziel – im gegebenen Fall den Felsbrocken – ansteuern. Werden von dort die beiden verbleibenden Punkte angepeilt, geht die Blickrichtung immer noch in die gewünschte Richtung. Diese Methode ist so oft wie nötig zu wiederholen. Gelegentlich muss der Standort mit dem Kompass überprüft werden, damit sich kleine Fehler nicht zu größeren Abweichungen addieren.

Den Weg zurück finden

Bei Tagestouren wird man meist zum Ausgangspunkt zurückkehren. Auch Mehrtagestouren dürften so geplant sein, denn es ist nicht immer einfach, von einem anderen Endpunkt aus zu seinem Fahrzeug zurückzugelangen. Da es in der Wildnis keine Wegweiser gibt, müssen während des Marsches Markierungen für einen sicheren Rückweg angelegt werden. Dafür stehen viele Möglichkeiten zur Verfügung.

➤ Mit einem Buschmesser oder einer Axt kann ein handtellergroßes Stück Rinde aus einem Baum geschlagen werden. Es wird viele Tage dauern, bis das Holz dunkelt und die Markierung nicht mehr erkennbar ist.

➤ Abgebrochene Zweige können so angeordnet werden, dass sie in die gewünschte Richtung zeigen.

➤ Wichtig ist, alle Kennzeichnungen so anzubringen, dass sie sowohl für den eigenen Rückweg sichtbar sind, als auch von möglichen Suchmannschaften erkannt werden. Die Zeichen müssen dort angebracht werden, wo das Risiko groß ist, eine falsche Richtung einzuschlagen, z.B. an einer Gabelung, an einer Stelle, wo man aus dem Wald heraus auf eine Lichtung tritt oder an der Stelle, an der man einen Abhang hochgestiegen ist.

➤ Im offenen Gelände, oberhalb der Baumgrenze, eignen sich kegelförmig aufgerichtete Steinhaufen vorzüglich als Wegmarkierung. Sie sind auffällig und weit zu sehen.

➤ Steht fest, dass man auf demselben Weg zurückkehren wird, ist es durchaus statthaft, den Weg mit Plastikband in einer Leuchtfarbe zu markieren. Die Plastikstreifen sind weithin sichtbar. Sie müssen jedoch unbedingt auf dem Rückweg, wenn sie ihren Zweck erfüllt haben, wieder eingesammelt werden.

➤ Während des Marsches sollte man in regelmäßigen Abständen anhalten und zurückblicken. Es ist erstaunlich, welch anderes Bild sich bietet, wenn man in die entgegengesetzte Richtung schaut. Da einem das Gedächtnis leicht einen Streich spielt, wenn man zu viele Eindrücke aufgenommen hat oder auf dem Rükkweg recht erschöpft ist, ist es sinnvoll, sich Eindrücke über das Gelände zu notieren. Auch die Zeiten, die zum Erreichen eines bestimmten Teilzieles benötigt wurden, sollten festgehalten werden.

➤ Selbst wenn es nicht geplant war, auf demselben Weg zurückzukehren, ist es ratsam, alle Maßnahmen hierfür zu treffen. Viele Gründe können es erforderlich machen, den ursprünglichen Plan aufzugeben. Eine plötzliche Wetterverschlechterung mit Schneefall in höheren Lagen kann zur Umkehr zwingen. Auch geringfügige Verletzungen, wie ein verstauchter Knöchel, stellen eine Behinderung dar, die eine Fortsetzung der Tour unmöglich macht.

Mit Überraschungen muss gerechnet werden

Es ist ratsam, immer ein offenes Auge und Ohr zu haben. Nicht weil man glauben muss, ständig von Gefahren umlauert zu sein, sondern weil man ja so viel wie möglich von der Natur wahrnehmen möchte. Es ist aufregend, auf einer Lichtung eine Gruppe Hirsche beim Äsen zu beobachten oder, wenn man etwas Glück hat, einen Bären zu entdecken, der sich gerade seinen Speck für den Winter anfrisst. Dabei sind jedoch alle Warnungen zu beherzigen, die im Kapitel »Gefahren der Wildnis«, Seite 88ff., angesprochen wurden.

Vorsicht ist geboten

✷ Auf Wahrnehmungen, die auf eine Abweichung vom gewohnten Bild hinweisen, muss besonderes Augenmerk gelegt werden.

✷ Häufig sind es Tierlaute, die auf eine besondere Situation hinweisen. Eichhörnchen machen einen Höllenlärm, wenn jemand in ihren Lebensraum eindringt.

✷ Entdeckt man im Gebüsch den Kadaver eines Hirsches oder eines Elchkalbes – eine Keule scheint zu fehlen, der Kadaver ist teilweise mit Zweigen und Laub bedeckt –, ist höchste Gefahr im Verzug! Neugierde wäre lebensgefährlich. Was man entdeckt hat, ist die Beute eines Bären, wahrscheinlich sogar eines Grizzlybären. Er hat seinen Hunger gestillt, hält sich aber in der Nähe auf und wird zurückkommen. Jeder in der Nähe seiner Beute ist ein Feind, der angegriffen wird. Ohne auch nur eine Sekunde zu verlieren, muss dieser Ort verlassen werden! Dabei ist Vorsicht geboten, damit man dem Bären beim Ausweichen nicht in die Quere kommt.

Trapper-Hütten

✱ Die Marschetappen sollten so geplant sein, dass man den geplanten Lagerplatz möglichst am frühen Nachmittag erreicht.

✱ Manchmal hat man das Glück und stößt abseits des Weges auf kleine Hütten. Der Standort dieser Hütten scheint nicht sonderlich geschickt gewählt worden zu sein, denn es fehlt hier oftmals an Wasser. Die Hütten stehen meist auf Pfählen und sind vielfach primitiv zusammengenagelt. Trotzdem sind sie voll funktionsfähig. Bei solchen Hütten handelt es sich um Trapper-Hütten. Trapper sind Fallensteller (engl. trap: Falle).

✱ Die Wildnis Kanadas z.B. ist in genau abgegrenzte Gebiete aufgeteilt, in denen die Regierung das Recht verkauft, Fallen aufzustellen und Pelztiere zu fangen. Innerhalb eines solchen Bezirkes hat nur 1 Person das Recht, diese Art von Jagd auszuüben. Die Fallensteller wollen mit ihrer Jagd Geld verdienen. Gutes Geld gibt es nur für gute Felle, deshalb müssen sie im Winter hinaus, wenn das Fell der Tiere am dichtesten ist. Dies ist die Erklärung für die Pfähle, auf denen die Hütten stehen, denn im Winter liegen hier vielleicht 2 oder 3 m Schnee. Wasser ist nicht wichtig, da der Schnee genügend davon liefert.

✱ Die Trapperhütten sind fast immer unverschlossen und jeder kann sie benützen. Ein Kanonenofen erwärmt die kleine Hütte im Nu und ein Teil des Brennholzes ist meist in der Hütte, also trocken und gebrauchsbereit. In vielen dieser Hütten befindet sich auch unverderbliche Nahrung, aufbewahrt in einem Behälter, der den Nagern den Zugriff verwehrt.

✱ Es ist ein ungeschriebenes Gesetz der Wildnis, dass jeder, der eine solche Hütte benützt, das verbrauchte Brennholz wieder ergänzt und verbrauchte Lebensmittel aus seinem Vorrat ersetzt.

✱ Als freundliche Geste sollte man eine kurze Notiz zurücklassen, in der man sich für die Gastfreundschaft bedankt.

Überwinden von Hindernissen

Trotz sorgfältiger Routenplanung wird es sich nicht vermeiden lassen, dass man in der Wildnis auf unerwartete Hindernisse trifft. Dies wird umso häufiger der Fall sein, wenn man durch Notfälle gezwungen wird, von der vorausgeplanten Route abzuweichen. In diesen Fällen heißt es, seine Fähigkeiten richtig einzuschätzen und ruhig und überlegt zu handeln.

Verhalten beim Überwinden von großen Steigungen

➤ Bei einem Aufstieg auf einen steilen Berg oder Höhenrücken sollte man die Höhenmeter in weiten Schleifen überwinden.

➤ Hierbei ist es wichtig, mit den Kräften hauszuhalten. Wer ein gleichmäßiges Tempo einhält, wird weniger rasch ermüden. Der Körper braucht Zeit, um die verbrauchte Energie zu ersetzen. Ideal wäre es, die Energie in dem Maß zu verbrauchen, wie sie der Körper bereitstellen kann. Nur im Notfall sollte man an die Leistungsgrenze gehen. Die Verletzungsgefahr steigt in solchen Fällen rapide an, denn die Tritte werden unsicher.

➤ Wenn irgend möglich, sollte man es vermeiden, dass man seine Bekleidung durchschwitzt, denn sonst fängt man unweigerlich an zu frieren sobald man sich nicht mehr bewegt.

Verhalten bei engen Schluchten

➤ Stößt die Marschroute auf einen steilen Abbruch, der in einer engen Schlucht abstürzt, sollte nur der geübte Bergsteiger mit Erfahrung im Klettern im Fels ernsthaft daran denken, sich abzuseilen.

➤ Ein Umgehen des kritischen Bereichs bedeutet in vielen Fällen nicht nur, eine Gefahr zu vermeiden, sondern auch eine Zeitersparnis.

➤ Abgesehen von den körperlichen Anstregungen, sind die Risiken, sich durch Abseilen zu verletzen, für Ungeübte viel zu groß.

➤ Aber selbst wenn der gefährliche Abstieg gelingen sollte, kann ein tosender Bach, der im Grund der Schlucht fließt, ein Überqueren unmöglich machen – ganz zu schweigen von dem beschwerlichen und ebenfalls gefährlichen Aufstieg auf der anderen Seite.

Verhalten bei Schotter- und Geröllfeldern

- Beim Überqueren von Schotter- oder Geröllfeldern ist Vorsicht geboten! Das Geröll kann selbst unter dem Tritt eines leichtfüßigen Vierbeiners zu Tal poltern.
- Noch viel leichter kann dies geschehen, wenn der Mensch versucht, ein solches Feld zu begehen.
- Eine Gruppe sollte nur am Seil und nur einzeln die Überquerung wagen.
- Ein einzelner Trekker ist gut beraten, ein Geröllfeld dort zu überqueren, wo das Gefälle abnimmt, selbst wenn dies einen teilweisen Abstieg bedeutet.
- Rinnen, die mit größeren Felsbrocken gefüllt sind, sind weniger gefährlich, solange jeder Fels geprüft wird, ob er festsitzt. Feuchter oder moosbewachsener Fels ist rutschig. Wenn der Stiefel abgleitet, kann dies zu sehr schmerzhaften Abschürfungen an Knie und Schienbein führen.

Verhalten bei schneebedeckten Hängen

- Trifft man auf einen schneebedeckten, wenig bewachsenen, stark abfallenden Hang, so ist besondere Vorsicht geboten. Ab einem Gefälle von 20° muss mit Lawinen gerechnet werden, ab 30° wird die Gefahr akut. 30° hört sich noch recht harmlos an. Der Winkel bedeutet jedoch, dass auf einer Länge von 100 m 50 Höhenmeter gewonnen werden.
- Lawinenhänge sollten nur überquert werden, wenn es sich nicht vermeiden lässt.
- Muss ein solcher Hang überquert werden, dann sollte von einer erhöhten Stelle aus ein Abschnitt ausgewählt werden, an dem der Hang ausflacht, ähnlich wie beim Geröllfeld.
- Eine Gruppe sollte einen Lawinenhang nie zusammen überqueren.
- Vor dem Betreten des gefährdeten Bereichs die Kapuze des Anoraks überstülpen und dicht zubinden, den Bauchgurt am Rucksack lösen. Die Hände aus den Schlaufen der Stöcke nehmen, eine Lawinenschnur um die Hüfte binden und lose hinter sich her ziehen. Alles wird darauf vorbereitet, im Falle des Abgangs einer Lawine allen hinderlichen Ballast rasch abzuwerfen, um möglichst große Bewegungsfreiheit zu bewahren.

Verhalten beim Begehen von Gletschern

✱ Gletscher erfordern eigene Vorsichtsmaßnahmen. Das Eis erleichtert zwar das Fortkommen, dafür muss man aber immer auf Gletscherspalten vorbereitet sein. Die Spalten stellen die größte und einzige Gefahr bei einer Überquerung dar.

✱ Ein Gletscher kann mit einem langsam dahin kriechenden Fluss aus Eis verglichen werden. Er passt sich, wenn auch langsam, der Topografie an. Nimmt das Gefälle zu, wird die Oberfläche quer zur Bewegungsrichtung aufbrechen. Je stärker sich das Gefälle ändert, umso tiefer und breiter prägen sich die Gletscherspalten aus.

➤ Vor dem Betreten des Eises sollte man sich zunächst einen guten Überblick über den Gletscher verschaffen und dann eine möglichst sichere Stelle zum Queren auswählen. Dabei ist immer zu berücksichtigen, dass sich eine Spalte wesentlich weiter oben, an einem Abbruch, gebildet und sich beim Abwärtsgleiten nicht wieder geschlossen haben kann. Vielfach sind Spalten auch von einer trügerischen Schneebrücke bedeckt, die unter dem Gewicht eines Wanderers einbrechen kann.

➤ Nur im Notfall sollte ein Gletscher von einer Gruppe, die aus weniger als 3 Mitgliedern besteht, überquert werden. Eine Einzelperson wird häufig nicht imstande sein, den Fall des Partners abzubremsen, und läuft Gefahr, ebenfalls mit abzustürzen.

➤ Erfahrene Bergsteiger in einer Zweierseilschaft bereiten sich auf solch einen Notfall vor, indem sie reichlich Seil in der Hand mitführen, um Zeit zu haben, einen festen Stand zu finden oder das Seil am Eispickel zu verankern.

➤ Alle Mitglieder einer Mannschaft sind durch ein Seil miteinander zu verbinden. Jeder hat das Seil in einer Schlinge um den Oberkörper gelegt. Außerdem hat jeder 2 kleinere Schlingen am Seil befestigt, eine als Griff für die Hände, die andere als Trittschlinge für den Fall, dass ein Teilnehmer trotz aller Vorsicht in eine Spalte gefallen ist. Beide Schlingen werden mit einem speziellen Bergsteiger-Knoten befestigt.

➤ Der Erfahrenste in einer Gruppe geht als Erster. Sieht er eine mögliche Gefahrenstelle, lässt er die übrigen anhalten und das Seil sichern, während er die verdächtige Stelle prüft.

Überwinden von Gewässern
✷ Selbst bei kurzen Ausflügen in den Busch wird es sich nicht vermeiden lassen, Gewässer zu überqueren oder zu umgehen. Brücken wird man selten vorfinden, entweder sind sie vom Hochwasser weggespült worden oder es hat sie nie gegeben.
✷ Damit steht man vor der nicht leichten Entscheidung, das Hindernis zu umgehen, also die Marschroute dem Wasserlauf anzupassen, oder einen sicheren Übergang ans andere Ufer zu suchen.

Überqueren von Flüssen: Alle Flüsse, die mit mäßiger Geschwindigkeit dahinfließen, winden sich durch die Landschaft. Diese Mäander können mehr oder weniger ausgeprägt sein. Das Flussbett wird vom fließenden Wasser geformt.
✷ Das Schema ist immer gleich: An der Innenseite einer Flussbiegung lagert sich Sand und Geröll ab, an der Außenseite nimmt die Strömung zu und spült das Flussbett aus. Hier ist mit tiefem Wasser zu rechnen. Es empfiehlt sich deshalb, einen Fluss zwischen 2 Biegungen zu überqueren, denn dort ist die Strömung über die gesamte Breite ziemlich gleich verteilt.
✷ Ein Flussbett aus gut verfestigtem Kies eignet sich am besten zum Queren. Große Felsbrocken, glitschige Felsplatten sowie Sandboden oder Schlamm sollten auf jeden Fall gemieden werden.

Flüsse sicher queren

Gute Chancen, eine sichere Furt zu finden, bestehen:

- An einem besonders breiten Flussabschnitt. Hier werden sowohl Strömung als auch Wassertiefe geringer sein als an anderen Stellen.
- Oberhalb von Stromschnellen. In diesem Bereich bildet sich meist eine seichte Strecke mit feinem Geröll aus.
- Wenn sich der Fluss in mehrere Arme aufteilt. Er lässt sich dort häufig leichter überqueren, da man dies in Etappen tun kann.
- Zwischen 2 Flussbiegungen, wenn diese nicht zu nahe beieinander liegen.

✱ Die Wasserkraft eines seichten, jedoch rasch fließenden Gewässers sollte nicht unterschätzt werden, denn schon eine Verdopplung der Geschwindigkeit vervierfacht den Wasserdruck.
✱ Auch der Zeitpunkt der Überquerung will wohl bedacht sein. Ein Gebirgsbach, der nach einigen Gewittergüssen stark angeschwollen ist, wird nach wenigen Stunden wesentlich zahmer sein. Es lohnt sich also nicht, das unnötige Risiko eines unfreiwilligen Bades und nasser Ausrüstung einzugehen. Dagegen mag es ratsam sein, einen Fluss noch am späten Nachmittag zu überqueren, wenn schwarze Wolken heftige Regenfälle ankündigen.

Wie sollte ein Fluss überquert werden? Lange Hosen behindern beim Überqueren und bieten dem Wasser zusätzliche Angriffsfläche. Shorts eignen sich besser. Außerdem ist es angenehm, am anderen Ufer in eine trockene, lange Hose schlüpfen zu können.
➤ Bei einer Fluss- oder Bachüberquerung sollte man nie barfuß gehen! Die Gefahr ist groß, sich an scharfkantigen Steinen zu verletzen, und der Wärmeverlust über die Füße ist hoch. Ein Paar alte Turnschuhe, die eigentlich schon das Ende ihrer Nutzungsdauer erreicht haben, wären ideal. Sie können dann am anderen Ufer zum Trocknen an den Rucksack gebunden werden. Die nächstbeste Lösung ist, die Socken auszuziehen und barfuß in den Wanderschuhen das gegenüberliegende Ufer anzustreben.
➤ Da sich der Körper bei längeren Wanderungen an das Gewicht der Ausrüstung gewöhnt, sollte das Gepäck nur bei besonders schwierigen Flussüberquerungen abgenommen werden. Wie bei der Überquerung eines Lawinenhangs sollten auch bei einer Flussüberquerung Vorkehrungen getroffen werden, sich im Notfall vom Gepäck trennen zu können, bevor es den Träger unter Wasser zieht. Besteht die Gefahr, dass man den Rucksack abwerfen muss, sollte die geleerte Feldflasche mit einer Schnur von 2 bis 3 m Länge an das Gepäck gebunden werden. So wird die Stelle markiert, an der später nach der Ausrüstung gesucht werden kann.
➤ Beim Durchwaten eines Flusses ist der Wanderstock besonders hilfreich. Er dient als Fühler

und als drittes Bein. Er wird gegen die Strömung gesetzt und der Wanderer verlagert einen Teil seines Gewichtes darauf. Man sollte den Fluss zügig in kurzen Schritten, damit das Gleichgewicht nicht verloren geht, durchwaten. Ist der Flussboden nicht sichtbar, prüft man die Wassertiefe mit dem Stock. Wird der Fluss in einer Gruppe überquert, halten sich jeweils 2 oder 3 Personen eng nebeneinander gehend an einem Wanderstock fest.

Flussdurchquerung mit Seil: Ist es zu gefährlich, alleine oder sich gegenseitig unterstützend eine Furt zu durchqueren, muss ein Seil mit einer ausreichenden Länge benutzt werden.

➤ 1 Person sichert das Seil, an dem der 1. der Gruppe den Fluss überquert. Die übrigen Mitglieder stellen sich flussabwärts bereit, um notfalls Hilfe zu leisten.

➤ Dem Wasserdruck sollte beim Queren nachgegeben werden, so dass das Gewässer in einem Winkel von 30° bis 45° überwunden wird.

➤ Hat die 1. Person das gegenüberliegende Ufer erreicht, werden die nachfolgenden Personen von beiden Ufern aus gesichert.

➤ Dabei hält die Person am gegenüberliegenden Ufer das Seil straff, während die andere nur Seil nachgibt. Die letzte muss wieder besonders achtsam sein, da sie nur von einer Flussseite aus gesichert werden kann.

➤ Ist das Gewässer zu tief oder die Strömung zu stark, um den Fluss mit Gepäck zu überqueren, muss ein kleines Floß gebaut werden. Dieses wird in der Seilmitte befestigt und über den Fluss geleitet, bevor die letzte Person ins Wasser steigt.

Flussdurchquerung mit Baum: Manchmal muss ein langsam fließendes Gewässer in einem morastigen Gelände überwunden werden. Das Wasser ist in diesen Fällen häufig trüb und erlaubt keinen Blick auf den offensichtlich sumpfigen Grund. Die Ufer fallen teils steil ab. Solche Bäche, die sich wie Kanäle durch Wiesen ziehen können, sind häufig recht schmal, scheinen aber dennoch unüberwindlich zu sein. Wegen des steilen Ufers und der Bodenbeschaffenheit kommt ein Durchwaten nicht infrage.

➤ In solchen Fällen kann man sich damit behelfen, einen in

Ufernähe stehenden Baum so zu fällen, dass er über den Bach fällt. Hat er ausreichend kräftige Äste, können diese als Handgriffe benutzt werden. Anderenfalls setzt man sich rittlings auf den Stamm und rutscht hinüber.

Überqueren von Seen

Seen sind zu tief und zu breit, um sie zu durchwaten. Um sie zu überwinden, wird ein Floß benötigt.

- Ist das Gewässer nur einige 100 m breit und die Wassertemperatur hoch genug, um schwimmen zu können, reicht ein kleines selbst gebautes Floß aus, um das Gepäck trocken auf die andere Seite zu transportieren.
- Alle Ausrüstungsgegenstände müssen festgezurrt werden, damit sie nicht in der Tiefe verschwinden, wenn das Floß ins Schaukeln gerät.
- Das Floß kann entweder beim Schwimmen mit den Händen geschoben oder an einer Leine hinterhergezogen werden.
- Aber auch ein geübter Schwimmer wird mit einem plumpen Floß nur sehr langsam vorankommen und muss sich auf einen längeren Aufenthalt im Wasser vorbereiten. Besteht auch nur die geringste Gefahr, dass man sich beim Überqueren unterkühlen könnte, muss ein Floß, auf dem man sitzen kann, gebaut werden.

Tour 2: Mit dem Kanu unterwegs

Die Weiten Nordamerikas sind auf dem Wasserweg erschlossen worden. Die unermesslichen Wälder machten ein Vordringen zu Fuß fast unmöglich. Der weiße Mann hat das Kanu von den Indianern übernommen. Es war von den Einheimischen bis zur Perfektion entwickelt worden. Die Bespannung bestand aus der besonders widerstandsfähigen Rinde frisch gefällter Birken. Zusammengenäht wurden die einzelnen Rindenlappen mit den feinen Wurzeln der Nadelbäume. Zum Abdichten diente frisches Harz.

Faszination Kanutour

Wer jemals ein Kanu geräuschlos, fast gespenstisch, aus dem Morgennebel eines Sees herausgleiten sah, wird fasziniert gewesen sein und vielleicht den Entschluss gefasst haben, selbst eine Tour mit so einem Fahrzeug zu unternehmen. Es gibt kaum eine Möglichkeit, enger mit der Natur verbunden zu sein, als in diesem schmalen, offenen Boot.

Die Ausrüstung

Auch für eine Kanutour ist eine sachgemäße und funktionsfähige Ausrüstung für das Überleben in der Wildnis von entscheidender Bedeutung.

Paddel

* Bei einem 8-stündigen Tag im Kanu wird bei einer durchschnittlichen Geschwindigkeit das Paddel ungefähr 14 000-mal ins Wasser getaucht. Daraus ist zu ersehen, wie wichtig die Wahl des richtigen Paddels ist.
* Aus der Vielzahl der Formen bietet sich das Mehrzweckpaddel, Biberschwanz genannt, an. Ein breiter Griff erlaubt es, das Paddel mit der ganzen Handfläche zu halten und den Druck beim Ziehen durch das Wasser gleichmäßig zu verteilen.

Handschuhe

Es empfiehlt sich, ein Paar fingerlose Handschuhe zu tragen, um einer Blasenbildung etwas vorzubeugen. Wer keine Hornhaut an den Händen hat, trägt diese Handschuhe besser von Anfang an, denn mit Blasen an den Händen zu paddeln, ist eine schmerzhafte Angelegenheit.

Kanu mit Ausrüstung

* Moderne Kanus sind entweder aus Aluminium oder Kunststoff und wiegen je nach Länge zwischen 25 und 30 kg. Für 2 Personen mit Ausrüstung sollte ein Kanu zwischen 4,5 und 5 m lang sein.
* Jeder Insasse sollte selbst auf einem ruhigen See eine Schwimmweste tragen. Außerdem gehört ein Reservepaddel ins Boot. Es wird in Längsrichtung unter den Seitenholmen angebunden.
* Um für Notfälle gerüstet zu sein, sollte eine Rolle textilverstärktes Klebeband (duct tape) mitgeführt werden. Mit ihm lassen sich behelfsmäßige Reparaturen durchführen, z.B. wenn das Kanu Leck geschlagen ist, weil man unachtsam einen scharfen Felsen geschrammt hat.
* Zur Unterbringung von Kameraausrüstung, Verbandszeug und Überlebenspaket empfiehlt es sich, eine etwa 40 cm hohe wasserdicht verschließbare Plastiktonne mitzunehmen.

Der Start

✱ Das Gepäck muss sicher verstaut und mit Gurten am Kanu verzurrt werden. Dadurch wird sichergestellt, dass beim Kentern, was vor allem Ungeübten leicht passieren kann, die Ausrüstung nicht verloren geht.

✱ Noch vorhandener Platz kann mit Kleidungsstücken o. Ä. ausgefüllt werden.

✱ Auf keinen Fall darf das Boot überladen werden. Dies ist die häufigste Ursache für ein unfreiwilliges Bad.

✱ Selbst bei ganz ruhigem Wasser sollte der Anfänger seinem Kanu wenigstens 20 cm Freibord lassen.

Wie sollte gepaddelt werden?

Paddeln mit 2 Personen: Mit 2 Personen im Kanu ist es ziemlich einfach: Einer paddelt auf der linken Seite, der andere auf der rechten. Dadurch fährt das Kanu (im Normalfall) einigermaßen geradeaus.

➤ Allerdings wird bei gleicher Anstrengung der Paddelschlag der im Heck sitzenden Person das Kanu stärker beeinflussen als der des Vordermanns. Im Heck sollte deshalb die Person mit der meisten Erfahrung im Paddeln sitzen, zumal sie auch für das Einhalten des Kurses verantwortlich ist.

Paddeln mit 1 Person: Wird ein Kanu nur von 1 Person gepaddelt, dann wird das Paddel nahe der Bordwand eingesetzt.

➤ Der Arm, mit dem der Paddelstiel gehalten wird, ist ausgestreckt. Zügig und gleichmäßig wird das Paddel durchs Wasser gezogen, bis es nach hinten zeigt. Der Bug des Kanus wandert dabei leicht zur anderen Seite aus. Bevor das Paddel aus dem Wasser gehoben wird, dreht man es so, dass das Blatt parallel zur Bootswand steht.

➤ Wichtig ist es, dass der Daumen der Hand, die den Paddelgriff hält, bei der Drehung nach unten zeigt. Auf das Paddel, das nun wie ein Steuer wirkt, ist ein leichter Druck auszuüben. Durch diesen Druck gleitet der Bug auf den ursprünglichen Kurs zurück.

➤ Wird das Paddel in die falsche Richtung gedreht (führt man also einen so genannte Deppenschlag aus), muss das Paddel nach außen gedrückt werden, um als Steuer zu wirken.

➤ Die oben beschriebene Bewegung wiederholt sich bei jedem

Schlag. Das Kanu schiebt sich dadurch in einer kaum wahrnehmbaren Schlangenlinie vorwärts.

➤ Bereits nach kurzer Zeit geht der Bewegungsablauf des Paddelns in Fleisch und Blut über und man bekommt ein recht gutes Gespür dafür, wie viel Korrektur nötig ist.

Verhalten während der Fahrt

Da ein Kanu keinen Kiel hat, reagiert es auf abrupte Bewegungen der Insassen recht heftig.

➤ Seitliche Gewichtsverlagerungen sollten dem Partner angekündigt werden, damit dieser sie mit seinem Körpergewicht ausgleichen kann.

➤ Neulinge sollten während der ersten Stunden in Ufernähe bleiben, damit sie sich, ohne in Gefahr zu geraten, auf die Bewegungsabläufe einspielen können.

➤ Wird in Gruppen gefahren, sollten schon vor dem Start verschiedene Signale vereinbart werden. In Gefahrensituationen gibt es meistens keine Zeit für lange Erläuterungen.

➤ Da es auf jedem Schiff nur einen Kapitän gibt, hat auch in jedem Boot nur einer das Sagen. Im Kanu sitzt dieser im Heck.

Auf das Wetter achten

➤ Ein sorgfältiges Auge ist auf den Himmel zu richten. Dunkle Wolken bedeuten Unheil und man sollte rasch dem Ufer zustreben.

➤ Manchmal kann in Tälern zu bestimmten Tageszeiten auch ohne Ankündigung durch Wolken ein heftiger Wind aufkommen. In entsprechenden Geländeabschnitten sollte der Paddler immer auf solche Wetterphänomene vorbereitet sein.

➤ Kanus sind wenig geeignet, um sich durch Wellen hindurch zu kämpfen. Sie nehmen leicht Wasser auf. Auf keinen Fall darf man bei Gewitter auf dem Wasser sein. Blitzschläge auf das Gewässer, auf dem man die höchste Erhebung darstellt und vielleicht auch noch in einem Kanu aus Aluminium sitzt, sind lebensgefährlich!

Im Verbund fahren

➤ Werden größere Seen in einer Kanugruppe befahren, können 2 oder 3 Kanus zu einem Katamaran oder auch Trimaran verbunden werden. Mit dünnen Stangen und etwas Seil lässt sich dies in sehr kurzer Zeit bewerkstelligen.

➤ Aus 2 schräg nach oben angeordneten Stangen, die zusammen ein Dreieck bilden, und einer Verspannung nach hinten lässt sich ein provisorischer Mast bauen. Eine Plastikplane o.Ä. dient als Segel.
➤ Mit dieser einfachen Konstruktion kann man recht gut vor dem Wind segeln. Die Geschwindigkeit, die man dabei selbst bei leichter Brise erreicht, würde man mit Paddeln nur sehr kurze Zeit durchhalten können.

Vorsicht, Gefahren lauern!
Selbst auf einem ruhig dahinfließenden Fluss ist Wachsamkeit geboten.
➤ Es sollte immer nach Baumstümpfen, die möglicherweise kaum sichtbar im Wasser liegen, oder entwurzelten Bäumen, die hängen geblieben sind, Ausschau gehalten werden. Solche Hindernisse können ein Kanu leicht zum Kentern bringen.
➤ In den Flussbiegungen sollte man nahe dem außen liegenden Ufer fahren, da an der Innenseite mit Sandbänken zu rechnen ist.
➤ Bei flachem Wasser, oder wenn die Wassertiefe nicht abgeschätzt werden kann, besteht die Gefahr aufzulaufen.
➤ Nimmt die Strömung zu und es soll eine Richtungsänderung vorgenommen werden, dann kann es ratsam sein, dies rückwärts paddelnd zu tun.
➤ Vorwärts zu paddeln würde die Geschwindigkeit weiter erhöhen und einen rascher an das Hindernis, das man zu meiden sucht, bringen.

Vorsicht vor starker Strömung
Verengt sich das Flussbett, nimmt die Strömung zu. Die Fahrt im Kanu wird schneller.
➤ Die Insassen müssen sich jetzt darauf vorbereiten, das Ufer innerhalb der Strecke zu erreichen, die eingesehen werden kann. Mut wäre hier am falschen Platz, denn hinter der nächsten Biegung können dicke Felsbrokken im Fluss liegen.
➤ Besser ist es, das Ufer anzusteuern und den Flussabschnitt zu Fuß zu erkunden. Das kostet zwar Zeit, hilft aber, das Ziel sicher zu erreichen.

Die Portage
➤ Ist man sich nicht absolut sicher, eine schwierige Stelle durchfahren zu können, heißt es, das Kanu auf dem Landweg an dem Hindernis vorbei zu tragen.

➤ Häufig muss erst ein Weg am Ufer entlang gebahnt werden, um hier mit dem Kanu durchzukommen.
➤ Die Gepäckstücke sind dabei einzeln zu tragen.

Das Kanu tragen

Ist das Kanu nicht mit einem speziell dafür vorgesehenen Querholm ausgestattet, müssen die Paddel dabei helfen, eine Auflagefläche für die Schultern zu schaffen.
➤ Die Paddel werden in der Bootsmitte mit den Griffen nach vorn zeigend an den Querholmen befestigt, so dass sie beim Tragen des umgedrehten Kanus auf den Schultern aufliegen können.
➤ Das Kanu auf die Schultern zu hieven ist nicht allzu schwierig. Man stellt sich etwa in der Mitte seitlich des Kanus auf.
➤ Mit einer Hand wird das Kanu herangezogen und angehoben, so dass es auf der gegenüberliegenden Seite auf dem Boden aufliegt.
➤ Die andere Hand ergreift den mittleren Querholm. Mit beiden Händen wird das Kanu angehoben, so dass es auf den Oberschenkeln zu liegen kommt.
➤ Mit einem Schwung wird es ganz umgedreht und über den Kopf gehoben. Die Paddelblätter liegen auf den Schultern, mit den Händen wird das Kanu so ausbalanciert, dass der Bug etwas weiter vom Boden entfernt ist als das Heck und man sehen kann, wohin man läuft.

Mit dem Kanu treideln

➤ Manchmal ist es möglich, das Kanu durch eine Enge, die man nicht durchfahren will, hindurch zu treideln, also es quasi hindurchzuziehen.
➤ Das Gepäck wird vorsichtshalber herausgenommen.
➤ An den Bug und an das Heck wird jeweils ein Seil gebunden. Die Person am hinteren Seil hält das Kanu fest und verhindert, dass es davontreibt, die Person am Bug steuert es.
➤ Da man beim Treideln nahe dem Wasser oder sogar im Wasser sein wird, sind Schwimmwesten anzulegen. Ein unachtsamer Schritt oder ein glitschiger Stein kann einen schnell ins Wasser rutschen und abtreiben lassen. Will man das Kanu retten, hat man keine Zeit, sich selbst mühsam über Wasser zu halten.

Einrichten des Lagerplatzes

Die geplante Aufenthaltsdauer diktiert meist, was und wie viel für den Lagerplatz aufgewendet wird. Nach einem langen Marsch, in der Dämmerung, muss ein Minimum reichen, besonders, wenn man wieder früh aufbrechen will. Eine Art Basislager muss jedoch komfortabler sein. Ist es geplant, später noch einmal zum Lagerplatz zurückzukehren, ist es sinnvoll, alles etwas stabiler und dauerhafter zu bauen.

Die Platzwahl

Vielfach lässt sich eine Tagesetappe so planen, dass am Nachmittag ein geeigneter Platz angelaufen wird, der in einer Routenbeschreibung erwähnt oder der früher schon einmal benutzt worden ist. Stehen solche Hinweise nicht zur Verfügung, dann empfiehlt es sich, frühzeitig nach einem geigneten Platz Ausschau zu halten. Ziel muss es sein, das Lager bei Einbruch der Dunkelheit aufgebaut, die Mahlzeiten zubereitet und verzehrt sowie alles für die Nacht vorbereitet zu haben.

Grundvoraussetzungen für jeden Lagerplatz

- sichere Lage
- reichlich Feuerholz
- sauberes Trinkwasser

Lage am Wasser

Jeder wird versuchen, das Lager an einem fließenden Gewässer oder einem See, dort wo ein Bach einmündet, aufzuschlagen. In Ländern wie Kanada oder Finnland mit ihren vielen Gewässern dürfte dies nicht schwer sein. Es ist aber Vorsicht geboten.

* Der Lagerplatz darf nicht zu nahe am Wasser liegen. Ist dies unvermeidlich, muss er so hoch gewählt werden, dass plötzliches Hochwasser nicht dazu zwingt, das Lager mitten in der Nacht räumen zu müssen. Heftige Regenfälle, weit entfernt und unentdeckt, können die unregulierten Flüsse immens anschwellen lassen.
* Die gleiche Warnung gilt für alle, die mit dem Kanu unterwegs sind und auf einer kleinen Insel im Fluss übernachten wollen. Befindet sich auf so einer Insel ein erhöhter Platz und gibt es dort ausreichend Brennholz und Wasser, ist man dort gut und sicher aufgehoben. Großwild kann zwar gut schwimmen, wenn auch einige, wie die Wildkatzen, das Wasser meiden, aber selbst ein Bär, der ein ausgezeichneter Schwimmer ist, muss schon sehr hungrig sein oder einen verführerischen Geruch in der Nase haben, um sich den Pelz nass zu machen.

Lage am Abhang

* Steile Abhänge sind sorgfältig zu prüfen, bevor an ihrem Fuß ein Lager aufgeschlagen wird. Geröll und Felsen in einer steilen

Rinne können vom Wild los getreten werden und als Steinlawine talwärts poltern.

✱ Lockeres Erdreich, das nicht durch Wurzeln verfestigt ist, kann sich nach starken Regenfällen als Schlammlawine lösen. Auch Bäume, die an einem Steilhang stehen und deren Wurzeln nur noch zum Teil im Erdreich stecken, werden früher oder später einem Sturm nicht mehr standhalten und umstürzen.

Trinkwasserversorgung

✱ Das beste Trinkwasser liefern Bäche, die vom Berg herunterplätschern, wenn sicher ist, dass oberhalb des Lagerplatzes keine Menschen hausen, die das Wasser verschmutzen könnten.

✱ Wasser aus stehenden Gewässern sollte gemieden oder nur abgekocht getrunken werden.

Eine Notunterkunft bauen

Muss eine Notunterkunft aus dem Material gebaut werden, das die Natur liefert, ist der Lagerplatz so zu wählen, dass genügend Baumaterial in der Nähe ist. Kleine Bäumchen, Äste und Zweige durch den Busch heranzuschleppen, kann sehr mühsam und schweißtreibend sein.

Ist der Lagerplatz ausgewählt, geht es unverzüglich daran, die beiden wichtigsten Bestandteile eines jeden Lagers einzurichten: Feuer und Witterungsschutz.

Das Feuer

Neben den allgemein bekannten Verwendungsmöglichkeiten des Feuers, wie Kochen und Wärmen, spielt es eine wichtige Rolle für die menschliche Psyche. Sitzt man in der Dunkelheit allein und fühlt sich hilflos, dann wird ein Feuer ein regelrechter Kamerad. Das Gefühl der Geborgenheit verdrängt aufkommende Furcht. Die Gefahr, in Panikhandlungen auszubrechen, wird deutlich gemindert. Anzuhalten und ein Feuer zu entzünden, ist in fast jeder Situation richtig, sei es, um weitere Schritte zu überlegen oder durch Rast und Nahrung neue Kräfte zu schöpfen.

Ein Feuer starten

✱ Die grundsätzlichen Schritte sind bei allen Methoden die gleichen. Ein Funke bringt Zundermaterial zum Glimmen oder Brennen, dieses entzündet gröberes Material, um mehr Hitze zu erzeugen, die wiederum notwendig ist, um dicke Klötze in Flammen zu setzen.

* Je vollständiger das notwendige Brennmaterial, angefangen vom Zunder bis hin zu den Holzscheiten, bereitgestellt ist, desto rascher wird ein wärmendes Feuer flackern und desto weniger fehl geschlagene Versuche muss man hinnehmen.

* Für die Nacht sollte ausreichend Brennmaterial bereitgelegt werden. Besser ist es, etwas mehr Holz heranzuschaffen, denn im Dunkeln nach Feuerholz zu suchen, ist schwierig bzw. sehr unangenehm.

* Erfordert es die Temperatur oder die Lage, dass ein Feuer die ganze Nacht unterhalten werden muss, sollte Holz verwandt werden, das einen guten Heizwert hat. Das beste Brennholz liefern abgestorbene Bäume, die noch stehen. Sie sind jedem scheinbar trockenen Baum, der auf dem Boden liegt, vorzuziehen, denn vom Erdreich wird Feuchtigkeit aufgenommen. Hartholz ist besser als weiches Holz.

Vorbereiten einer Feuerstelle

* Für eine Feuerstelle ist ein sandiger oder steiniger Boden ideal. Beide mindern die Gefahr, unbeabsichtigt einen Waldbrand auszulösen

* Blätter oder Waldboden müssen so weit entfernt werden, bis das Erdreich sichtbar wird.

* Ein Ring aus Steinen grenzt die Feuerstelle ein und senkt die Gefahr des Funkenflugs, sobald der Wind auffrischt.

* Wenn irgendwie machbar, sollte Feuer nicht direkt unter einem Baum entzündet werden. Die Funken könnten das trockene Material an den unteren Ästen entzünden.

Entzünden eines Feuers mit Hilfe von Streichhölzern

* Am einfachsten und am häufigsten wird Feuer mit Hilfe von Streichhölzern angezündet. Sie sollten in ausreichender Menge mitgeführt und wasserdicht aufbewahrt werden. Es gibt auch wasserdichte Streichholzheftchen. Diese haben jedoch den Nachteil, dass sie nicht mehr vor Wasser geschützt sind, sobald eine Packung geöffnet ist.

* Bewährt haben sich Allzweckhölzer, die an jeder rauen Fläche entzündet werden können. Sie lassen sich gut in einer leeren Filmdose aufbewahren. Diese

Plastikbehälter fallen beim Fotografieren reichlich an und werden im Allgemeinen weggeworfen. In jeden Behälter passen etwa 30 Streichhölzer und ein Vorrat von 4 oder 5 Behältern fällt nicht ins Gewicht.

✷ Eine gute Ergänzung hierzu sind Einweggasfeuerzeuge. Sie lassen sich im Gegensatz zum Streichholz immer wieder neu anzünden.

Entfachen des Feuers: Dazu wird im Inneren eines Holzstoßes ein Feuernest aus trockenem Laub, kleinen Zweigspitzen oder trockenem Gras gebaut. Nach außen hin wird immer gröberes Brennmaterial angeschichtet.

➤ Steht wenig Kleinholz zur Verfügung, können aus gröberen Ästen so genannte Holzlocken gefertigt werden. Hierzu werden mit dem Messer Späne am Ast abgehoben. Sie bleiben jedoch mit dem Ast verbunden.

➤ Nach dem Anzünden muss das erste, noch sehr empfindliche Flämmchen gegen Wind geschützt werden.

Entzünden eines Feuers mit anderen Mitteln

Über Jahrtausende haben sich, sieht man einmal vom Brennglas ab, diese einfachen Methoden bewährt. In unserer modernen Zeit gehören sie jedoch mehr in ein Pfadfinderlager als in eine echte Überlebenssituation. Es mag lehrreich und vertrauensfördernd sein, zu demonstrieren, dass diese Methoden funktionieren. Sich im Ernstfall jedoch darauf verlassen zu wollen, ist nicht nur unsinnig, sondern spricht auch von mangelhafter Planung. Schließlich stehen viel einfachere Mittel im Überfluss zur Verfügung und können reichlich mitgeführt werden. Die Methoden werden deshalb hier nur der Vollständigkeit halber aufgeführt.

Flintstein: Soll ein Feuer mit einigen wenigen Funken in Gang gebracht werden, ist es unerlässlich, absolut trockenes Zundermaterial zu sammeln und zu zerreiben. Die dünnen Schichten unter der äußeren Birkenrinde eignen sich hierzu hervorragend. Auch der Flaum aus Vogelnestern, ausgedörrte Flechten, abgestorbene Weidenkätzchen oder was immer die Natur an ähnlichen Stoffen hergibt, kann das Birkenmaterial ergänzen. Entscheidend ist, dass das Material völlig trocken ist.

➤ Alle Bestandteile werden zerkrümelt und an geschützter Stelle aufgehäuft.

➤ Der Zündfunke wird nun mit Hilfe eines Flintsteins erzeugt. Dazu wird der Flintstein so gegen den Stahl eines Fahrtenmessers geschlagen, dass die Funken in den Zunder fallen.

➤ Die Schwierigkeit bei diesem Verfahren liegt darin, dass man zunächst einen Flintstein finden muss, was im Wald nicht einfach, ja häufig unmöglich ist.

Feuerstock: Die zur Entzündung benötigte Energie wird bei dieser Methode durch einen Stock (Feuerstock) erzeugt.

➤ Ein unten und oben angespitzter, etwa 30 cm langer Stock aus hartem Holz wird auf eine Holzfläche aus ebenfalls trockenem Hartholz gesetzt. Mit einem Bogen, der mit einer Sehne aus dünnem Seil, Band oder einem Schnürsenkel bespannt ist, wird der Stock zum Drehen gebracht. Die Sehne wird dazu in einem Vollkreis um den Stock gelegt. Auf die obere Spitze des Feuerstocks wird ein Stück Holz gelegt.

➤ Mit diesem Holz wird der Feuerstock, während er mit dem Bogen schnell bewegt wird, auf die untere Holzplatte gedrückt. Durch die Reibung wird ein erhitztes schwarzes Holzpulver abgerieben.

➤ Hat man einen kleinen Haufen dieses Pulvers zusammen, bläst man es so lange sanft an, bis es sich entzündet.

Brennglas: Ein wirksamer und immer wieder verwendbarer Gegenstand, um die nötige Hitze für ein Feuer zu erzeugen, ist ein Brennglas bzw. jede Art von Sammellinse.

➤ Das Sonnenlicht wird durch das Brennglas gebündelt und der Brennpunkt in den Zunder gehalten. Die so entstehende Hitze entfacht das Feuer.

➤ Allerdings wird man hiermit nur bei Sonnenschein Feuer entzünden können. Bei Regen oder in einer arktischen Winternacht ist das Brennglas völlig nutzlos.

Entfachen eines Feuers bei Regen

Eine Methode, selbst mit feuchtem Holz ein Feuer in Gang zu bringen, ist bei Indianern und Trappern weit verbreitet.

➤ Die besonders harzigen Teile abgestorbener und halb verrotteter Nadelbäume werden während des Marsches gesammelt. Dieses Material kann in der Hauptwurzel und an dem unteren Teil des Baumstumpfes, also unterhalb des Erdbodens, gefunden werden. Fichten und Tannen sind wegen ihres harzreichen Holzes besonders gute Lieferanten. Das Harz ist ausgetrocknet, hart und nicht mehr klebrig.

➤ Mit dem Messer werden kleine Späne abgeschnitten und angehäuft. Eine kleine Hand voll dieser Späne entwickelt erstaunliche Hitze und brennt mehrere Minuten lang, ausreichend, um auch feuchtes Holz zu entzünden. Von einem Holzstück von der Dicke eines Daumens und ca. 20 cm Länge lassen sich genügend Harzspäne gewinnen, um 8- bis 10-mal ein Feuer in Gang zu bringen.

➤ Es wird jedoch erforderlich sein, diesen Harzstock im Gepäck mitzuführen, da es oft lange dauert, einen Baum im richtigen Verrottungszustand zu finden, von dem das Kernholz gewonnen werden kann.

Feuer zum Kochen

✱ Dient das Feuer nur zum Kochen, wird kein lodernder Scheiterhaufen benötigt. Es reicht ein kleines Feuer, das nicht größer als der zu erhitzende Topf zu sein braucht.

✱ Damit die Wärme an den Seiten nicht verloren geht, sollte die Feuerstelle an mindestens 2 Seiten durch Steine begrenzt sein. Die Steine können auch als Auflage für einen Topf dienen.

✱ Auch ein Graben oder eine runde Erdaushebung eignt sich zum Kochen. Hierbei muss jedoch für einen ausreichenden Rauchabzug gesorgt werden.

✱ Soll nur ein Topf Tee gekocht werden, reicht es, wenn man schnell brennendes Material verwendet. Benötigt man eine länger anhaltende Hitze, empfiehlt sich langsam abbrennendes Hartholz, das auch als Glut einen guten Heizwert besitzt.

Feuer gegen Kälte

Das gesammelte Holz wird benutzt, um reichlich Glut und heiße Asche zu erzeugen. Wie das Brennmaterial in und um das Feuer angeordnet wird, hängt davon ab, wie der Körper gegen Kälte und Witterungseinflüsse geschützt werden soll, z.B. ob eine offene oder eine geschlossene Hütte gebaut wurde.

Sternfeuer

✷ Eine einfache Grundform ist das Sternfeuer: Äste und Stämme werden von allen Seiten mit ihrer Spitze in die Mitte des Feuers gelegt.

✷ Diese Form des Feuers hat den Vorteil, dass die Holzstücke beliebig lang sein können, weil sie nur an einem Ende abbrennen und bei Bedarf nachgeschoben werden.

Feuer im Freien

War es nicht möglich, eine Schutzhütte zu errichten, muss versucht werden, so viel wie möglich von der Wärme des Feuers an den Körper heranzubringen. Dazu wird hinter dem Rücken, nahe am Körper, eine Wand aus Holzknüppeln aufgerichtet. Sie kann als Windschutz und als Reflektor für die Wärme dienen. Ein Teil des Holzvorrats wird zusätzlich auf der gegenüberliegenden Seite des Feuers, nahe an den Flammen, angeordnet, um die Wärmestrahlen in Richtung des Körpers zu lenken.

Feuer bei Frost

✷ Ist zu erwarten, dass die Temperatur auf einstellige Celsiusgrade sinkt, sind Vorkehrungen zu treffen, das Feuer die ganze Nacht über brennen zu lassen, selbst auf Kosten des so dringend benötigten Schlafes. Die überwiegende Zahl der Fälle von Hypothermie werden bei Temperaturen über dem Gefrierpunkt beobachtet.

✷ In einer Gruppe ist das Unterhalten des Feuers unproblematisch. Jeder muss einen Teil der Nacht wach bleiben, um das Feuer am Brennen zu halten.

Wärme speichern

Es gibt einige Möglichkeiten, Wärme im Boden oder in Steinen zu speichern.

➤ So bald wie möglich wird ein etwa 2 m langes, 60 bis 80 cm breites Feuer angelegt und großzügig geschürt. Diese Methode erfordert reichlich Brennmaterial. Steine können zusätzlich erwärmt werden.

➤ Während so der Boden aufgewärmt wird, sammelt man reichlich Zweige. Ist es Zeit für die Nachtruhe, wird das Feuer auseinander gezogen und der erwärmte Boden als Lager hergerichtet. Die erhitzten Steine dienen als seitliche Begrenzung des Schlafplatzes. Aus den Zweigen wird eine atmende Unterlage geschaffen. Mit allen verfügbaren Decken und Kleidungsstücken versucht man dann, die Wärme so lange wie möglich unter sich zu erhalten. So gelingt es, einige Stunden Schlaf zu finden, bevor die Kälte vom Boden nach oben kriecht.

➤ Diese Methode darf nicht angewandt werden, wenn der Boden sehr feucht ist oder aus brennbarem Material besteht, wie meist im Wald.

Geeignetes Brennmaterial

✱ Als Brennmaterial eignet sich ziemlich alles, was man in der Natur findet, vorausgesetzt, es ist nicht vermodert, morsch, grün oder feucht.

✱ Nadelhölzer brennen schnell und entwickeln für kurze Zeit eine gute Hitze. Durch den hohen Harzanteil muss man mit einer starken Rauch- und Funkenentwicklung rechnen.

✱ Hartholz, wie z.B. Buche, Eiche oder dornige Büsche, lässt sich, auch wenn es sehr trocken ist, schwerer als Nadelholz entzünden, dafür brennt es langsamer, entwickelt eine große Hitze und hält lange die Glut.

✱ Birkenholz ist ebenfalls ein gutes Brennmaterial. Es erzeugt allerdings nicht so viel Glut wie Buchen- oder Eichenholz.

✱ Laubbäume wie Pappeln oder Linden lassen sich zwar leicht entzünden, liefern aber wenig Heizwert.

Feuerholz machen will gelernt sein

Einen Lagerplatz ganz ohne Hilfsmittel einzurichten ist sehr schwierig. Schon das Bereitstellen eines ausreichenden Vorrates an Feuerholz erfordert Werkzeug. Sehr hilfreich ist eine Axt, da sie vielfältig einsetzbar ist. Genauso wichtig ist aber auch eine Säge. Mit ihr kann man leichter und kräftesparender Baumaterial und/oder Holzknüppel geeigneter Länge und Dicke für das Feuer zuschneiden. Wer einmal versucht hat, einen mittleren Baum mit einem Beil zu fällen, weiß eine Säge zu schätzen.

Säge: Eine Säge nimmt sehr wenig Platz ein, wenn ein klappbares Modell gewählt wird. Beim Kauf ist ein Modell ganz aus Metall einer Säge mit Holzgriff vorzuziehen, da Letztere schneller kaputt geht. In die Notausrüstung gehört auch eine Drahtsäge mit 2 Metallringen an den

Enden. Sie ist leicht, nimmt keinen Platz weg und lässt sich mit Hilfe eines biegsamen Astes zur behelfsmäßigen Bügelsäge umfunktionieren.

Beil (Axt): Der Umgang mit einem Beil will gelernt sein, da man sich leicht schwere Verletzungen zufügen kann. Die größte Gefahr besteht, wenn ein Hieb nicht genau dort trifft, wo er geplant war oder die Axt an einem Astknoten abrutscht. Fast immer sind es Amateurholzfäller, die sich so ins Bein schlagen und binnen Sekunden aus einer wohl geplanten Unternehmung einen Notfall machen.

➤ Um solche Unfälle zu vermeiden, sollte man beim Arbeiten mit der Axt mit gegrätschten Beinen immer senkrecht stehen und entlang der Körpermitte senkrecht nach unten schlagen.

➤ Den Schlag muss man immer so ansetzen, dass der Axtstiel beim Auftreffen auf den Klotz möglichst horizontal ist. Damit wird verhindert, dass die Axt bei einem missglückten Hieb ihren Schwung zum Körper hin fortsetzt.

➤ Beim Spalten eines Klotzes empfiehlt es sich, an der Seite, die zum Körper zeigt, einen Knüppel unter den Klotz zu legen. Der zu spaltende Klotz liegt dadurch auf der gegenüberliegenden Seite auf dem Boden auf. Die Axt wird so bei einem Fehlschlag vom Körper ferngehalten und herumfliegende Holzteile können den Holzfäller nicht verletzen.

➤ Beim Entasten von Bäumen immer den Baumstamm zwischen der Axt und den eigenen Beinen lassen.

➤ Man spart Kraft und Mühe, wenn der zu spaltende Klotz an der richtigen Stelle getroffen wird. Soll ein senkrecht stehender Klotz gespalten werden, muss der Hieb am Außenrand und auf die Mitte der Wachstumsringe gerichtet treffen.

➤ Die Axt zerlegt einen Klotz nicht durch ihre Schärfe, sondern durch die Härte des Metalls und die Keilwirkung. Sie ist kein großes Messer. Wenn ein größerer Vorrat an Feuerholz geschlagen werden muss (z.B. bei einem längeren Aufenthalt in einer Hütte), lohnt es sich, zusätzlich eine spezielle Spaltaxt mitzunehmen, die mit ihrem viel breiteren Rücken die Spaltwirkung eines Keils hat.

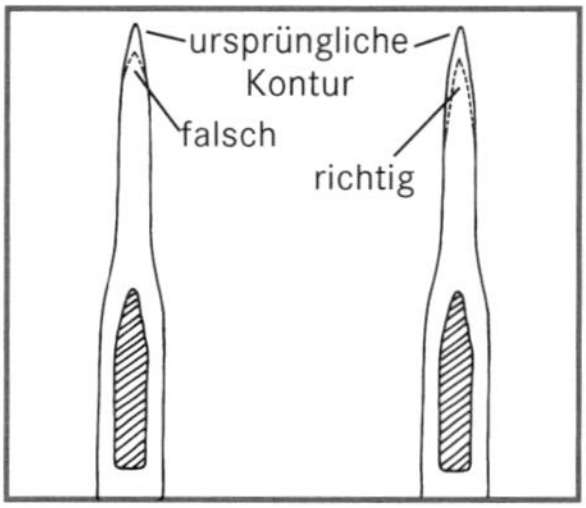

➤ Es wird sich nicht verhindern lassen, dass eine Axt durch Scharten ihre Wirksamkeit verliert und nachgeschärft werden muss. Es ist dabei darauf zu achten, dass die ursprüngliche Form wieder hergestellt wird. Die Grafik zeigt eine richtig und eine falsch nachgeschliffene Axt.

Motorsägen: Sie sind wunderbare Arbeitsgeräte, aber jeder, der nicht gründlich in der sicheren Handhabung ausgebildet ist, sollte die Finger davon lassen. Sie sind mörderische Geräte, mit denen sich jährlich zahlreiche Arbeiter, teilweise tödlich, verletzen, obwohl sie ständig damit umgehen. Zudem ist ein solches Gerät zu schwer und zu unhandlich, um es in das Gepäck aufzunehmen, es sei denn, es gehört zur Ausrüstung eines Geländefahrzeugs.

Die Schutzhütte

Die Gründe, eine Schutzhütte oder einen Unterstand bauen zu wollen, sind genauso vielfältig wie die, ein Feuer anzuzünden. Deshalb sollte jeder mit den verschiedenen Verfahren, sich einen solchen Schutz zu schaffen, vertraut sein. Ein Unterstand bietet nicht nur Schutz vor Sonne, Wind, Regen, Hitze und Kälte, er trägt auch wesentlich dazu bei, den Willen zum Überleben zu stärken.

Richtige Größe der Hütte

✱ Der am häufigsten gemachte Fehler ist, die Schutzhütte zu groß zu bauen. Sie sollte groß genug sein, um dem ganzen Körper Schutz zu bieten, aber klein genug, um die unnötige Abgabe von Körperwärme zu vermeiden.

✱ Wann immer möglich, sollte natürlicher Schutz wie etwa eine Höhle oder ein Felsüberhang genutzt werden. Es ist dabei wichtig, sich zu vergewissern, dass nicht schon andere Bewohner, z.B. Bären, Schlangen, Bienen, da sind.

✱ Ein Feuer sollte so nahe wie möglich am Höhleneingang angezündet werden, damit die Höhle nicht durch den Rauch unbewohnbar wird.

Schutz vor Regen und Kälte

✱ Der einfachste Lagerplatz ist ein ausladender Nadelbaum, dessen Äste bis nahe zum Boden reichen. Die nach außen und schräg nach unten gerichteten Äste nehmen große Mengen Regenwasser auf und leiten es nach außen ab, so dass der Bereich nahe dem Stamm selbst nach längeren Regenfällen trocken bleibt. Die Zweige der Nadelbäume liefern eine gut isolierende Unterlage zum Sitzen und Liegen.

✱ Einen weiteren Schutz liefern die in jeder Notausrüstung mitzuführenden, mit Aluminium beschichteten Kunststofffolien. Die dünnere Variante ist meist nur einmal zu verwenden. Die etwas kräftigere Version wiegt auch nur einige 100 g und ist bei pfleglicher Behandlung mehrmals nutzbar. Die silbern glänzende Oberfläche reflektiert sowohl Körperwärme als auch die Wärme des Lagerfeuers. Die Folie ist jedoch kein Ersatz für geeignete Bekleidung.

Die Schlafstatt

Bevor ein Dach über dem Kopf gebaut wird, empfiehlt es sich, eine gut isolierende Matratze aus Zweigen zu bauen. Bei zu innigem Kontakt mit dem Boden kriecht die Kälte im Lauf der Nacht unweigerlich nach oben. Da das Körpergewicht die Kleidung zusammendrückt, wird die Isolierwirkung vermindert.

➤ Für den Bau einer Matratze wird als Erstes ein Rahmen mit Rundhölzern angefertigt. In einem Rahmen lässt sich das Füllmaterial besser anhäufen.

➤ Tannen, Fichten oder Lärchen liefern die Füllung. Bäume, die am Waldrand wachsen, haben meist dichtere Äste, die dazu noch weiter zum Boden reichen.

➤ Die Spitzen der Äste werden in etwa 20 cm Länge abgeschnitten und – am Kopfende beginnend – mit der Schnittfläche nach unten fast senkrecht in den Boden gesteckt.

➤ Die fertige Buschmatratze sollte etwa 80 cm breit und knapp 2 m lang sein.

➤ Die Mühe mit dem Einstecken der vielen kleinen Zweige lohnt sich, denn flach auf den Boden gelegte Zweige isolieren viel schlechter.

➤ Ist das Gelände sehr feucht und morastig und ist man gezwungen, an dieser Stelle sein Lager aufzuschlagen, dann sollte ein Stangenrost auf kurze Pfähle gesetzt und die Buschmatratze darauf eingerichtet werden. In diesem Fall werden die Zweige horizontal gelegt.

Die Hinterwäldlerhütte (offenes Schrägzelt)

Diese Art von Nothütte wird im Allgemeinen nur für eine Nacht benutzt. Obwohl sie nur ein einfacher Wetterschutz ist, sollte man mit ihrem Aufbau nicht erst bei einsetzender Dämmerung beginnen. Je mehr Zeit für die vielen Handgriffe noch bei Tageslicht zur Verfügung steht, desto bequemer und erholsamer wird die Übernachtung sein. Befindet sich eine Zeltplane im Gepäck, kann ein halboffener Witterungsschutz innerhalb weniger Minuten aufgebaut werden.

➤ Eine Stange wird in etwa 1 m Höhe quer an 2 Bäumen, die knapp 2 m voneinander entfernt stehen, befestigt. Falls keine Schnur zum Befestigen zur Verfügung steht, kann die Stange in Astgabeln gelegt werden. Sind auch keine Astgabeln in geeigneter Höhe verfügbar, kann die Stange an beiden Enden in die Gabelung von 2 zurechtgeschnittenen Ästen gelegt werden.

➤ Die Äste werden schräg im Boden verankert und das so geschaffene Gerüst an die beiden Bäume gelehnt. Die Plane wird mit einer Seite an der Querstange befestigt und in einem Winkel von rund 45° am Boden verankert.

➤ Es reicht auch, wenn eine Stange nur gegen einen Baum gelehnt und die Plane mit der Diagonalen daran befestigt und die Seiten am Boden verankert werden. So entsteht ein einseitig offenes Dreieckszelt.

➤ Die gleiche Konstruktion kann auch aus Zweigen und Ästen gebaut werden. Gegen die horizontal am Baum befestigte oder schräg gegen den Stamm gestellte Stange werden möglichst dicht dünnere Äste gelehnt. Das Gerüst wird mit Blattwerk und Tannenzweigen abgedichtet. Es ist wichtig, nur frisches, grünes Material zu verwenden. Die Konstruktion könnte anderenfalls durch den Funkenflug des Feuers, das vor der Öffnung angezündet wird, in Brand geraten.

➤ In einem offenen Schrägzelt schläft der Einzelne parallel zur Zeltwand. Zu zweit schläft man mit den Füßen zur Zeltwand und zum Gepäck.

➤ Steht ausreichend Zeit zur Verfügung, kann ein 2. Schrägdach auch an der anderen Seite der Bäume errichtet werden. Nach oben entsteht dabei eine längliche Öffnung, deren Breite der Dicke der beiden Bäume entspricht. Durch diese Öffnung kann der Rauch abziehen, denn jetzt kann das Feuer im Inneren des Unterschlupfes betrieben werden. Dadurch wird die Wärme besser genutzt.

Die Rundhütte

➤ Kräftige Äste von Nadelbäumen oder kleine, biegsame Bäumchen werden in einem Abstand von jeweils 20 cm kreisförmig in den Boden gesteckt. Die Spitzen sollten sich in der Mitte überlappen. Um der Hütte einen festen Stand zu verleihen, sollten die unteren Enden wenigstens 20 cm tief im Erdreich stecken.

➤ Die Astspitzen werden zur Mitte gebogen und zusammengebunden.

➤ Um das Gerüst zu stabilisieren, werden dünnere Äste horizontal in das Gerippe eingeflochten. Das Ganze wird noch mit Buschwerk zugedeckt und mit Moos abgedichtet.

➤ Eine Eingangsöffnung wird so klein wie möglich eingebaut.

➤ Während des Aufbaus der Hütte können in einem starken Feuer möglichst große Steine erhitzt werden, die vor dem Schlafengehen beidseits der Buschmatratze gelegt werden. Sie sollen den Körper nachts so lange wie möglich warm halten.

➤ Besonders Einzelpersonen sollten alles unternehmen, sich durch möglichst viel zusammenhängenden Schlaf zu regenerieren. Die ganze Nacht ein Feuer zu unterhalten, ist kräftezehrend und sollte möglichst vermieden werden.

Das Tipi

Obwohl diese Art einer mobilen Behausung bei vielen Nomadenvölkern vorkommt, ist sie bei den Indianern des nordamerikanischen Kontinents am weitesten verbreitet.

➤ Das Tipi besteht aus einem kegelförmigen Gestell, das mit Planen verkleidet wird. In den Planen befindet sich am Boden ein Eingang und an der Spitze eine Klappe für den Rauchabzug. Der Rauchabzug kann verschlossen werden, wenn das Feuer nicht in Betrieb ist. Die Feuerstelle liegt in der Mitte des Tipis.

➤ Für 2 Personen sollte das Gerüst am Boden einen Durchmesser von etwa 3,5 m haben. Mit gut 1 m mehr entsteht ausreichend Platz für 6 Personen.

➤ Für ein Tipi werden 12 bis 15 Pfähle benötigt. Sie sollten wenigstens 0,5 m länger als der Durchmesser der geplanten Behausung sein. Vor Baubeginn wird ein Kreis mit dem Durchmesser des Tipis auf dem Boden markiert.

➤ Dann werden die 3 Hauptpfähle ausgelegt und unterhalb der Spitzen zusammengebunden, wobei der einzelne auf die beiden anderen gebunden wird. Da die Hauptpfähle die ganze Last der Konstruktion zu tragen haben, müssen sie dicker als die übrigen Stangen sein. Die Hauptpfähle werden aufgerichtet und in Form eines gleichseitigen Dreiecks auf dem markierten Kreis angeordnet.

➤ Alle anderen Stangen werden nun in die an der Spitze entstandenen Gabelungen eingelegt.

➤ Da ein Tipi, das mehreren Personen Schutz gewähren soll, erhebliches Zeltmaterial benötigen würde, kann man sich auch mit Zweigen und Buschwerk behelfen. Als Auflagepunkte werden zunächst einige horizontale Verstrebungen an den Stangen befestigt. Danach kann die Holzkonstruktion mit Grassoden oder Erdreich abgedichtet werden.

Lebensmittel aufbewahren

✱ Niemand wird seine knappen Lebensmittel mit Tieren teilen wollen. Es ist deshalb wichtig, alles Essbare sorgfältig zu verstauen und dem Zugriff etwaiger Gäste zu entziehen.

✱ Besteht auch nur die geringste Möglichkeit, dass Bären in der Gegend sind, muss alle Nahrung mindestens 50 m vom Schlafplatz entfernt aufbewahrt werden. Wird der Behälter mit Lebensmitteln mit einem Seil an einen Baum gehängt, dann sollte er mindestens 1,5 m vom Stamm entfernt sein, denn Schwarzbären sind gute Kletterer.

✱ Es lohnt sich, wenn möglich, Nahrung an einem gesonderten Feuer zuzubereiten, um zu vermeiden, dass auch nur der geringste Essensgeruch an dem »Lagerfeuer« haftet.

Beseitigung von Abfällen

✷ Alle Abfälle sind unverzüglich und sorgsam zu beseitigen.

➤ Bei einem mehrtägigen Aufenthalt ist es ratsam, deutlich abgesetzt vom Lager, in Windrichtung, einen schmalen Graben zu ziehen. Er sollte mindestens 50 cm tief sein. In den Graben wird aller Abfall geworfen und nach und nach mit dem Aushub wieder aufgefüllt. Konservendosen werden im Feuer ausgeglüht und entweder vergraben oder flach geklopft mitgenommen.

✷ Oberstes Gebot ist, keinen Abfall zurückzulassen. Eine Hütte oder eine Feuerstelle ist sicher willkommen, wenn sie von anderen Wanderern gefunden wird und ihnen Arbeit erspart. Alles andere muss in den ursprünglichen Zustand versetzt werden.

Die Latrine

✷ Zu jedem Lagerplatz gehört eine Latrine. Es gibt kaum etwas Unhygenischeres, als wenn ein Lagerplatz mit Toilettenpapier umgeben ist.

➤ Für einen Kurzaufenthalt von 1 bis 2 Tagen reicht ein Spatengang aus. In der Nähe der Abfallgrube, der Wind sollte immer aus Richtung des Lagers wehen, wird bei Bedarf eine Grube ausgehoben, die nach Verrichtung des Geschäftes wieder zugedeckt wird.

➤ Bei längeren Aufenthalten empfiehlt es sich, eine Latrine einzurichten. Dazu wird möglichst zwischen 2 Bäumen, die etwa 1 m auseinander stehen, eine mindestens 50 cm tiefe Grube gegraben. Länge und Breite sollten die gleichen Abmessungen haben. Zwischen den beiden Bäumen wird in der entsprechenden Höhe ein Sitzbalken angebaut. Gegen die Windrichtung wird ein Sicht- und Wetterschutz aus Ästen errichtet.

➤ Plant man schon vor Abfahrt in die Wildnis einen längeren Aufenthalt an einem Platz ein, sollte ein Desinfektionsmittel, das von Zeit zu Zeit in die Grube gefüllt wird, mitgeführt werden.

➤ Nach Verlassen des Lagerplatzes ist die Grube wieder sorgfältig mit Erde zu verschließen.

➤ Will man den Lagerplatz auch später nutzen, empfiehlt es sich, eine feste Hütte zu bauen.

Nahrungsmittel beschaffen

Nicht immer wird auf einer Trekking-Tour die von zu Hause mitgebrachte Verpflegung ausreichen. Man ist dann darauf angewiesen, sich von natürlichen Nahrungsquellen wie Tieren und Pflanzen zu ernähren. Beim Fallenstellen, Schusswaffengebrauch und Sammeln von Pflanzen sind jedoch einige wichtige Regeln zu beachten.

Verpflegung planen

Die grundsätzliche Entscheidung, ob die Verpflegung im Gepäck mitgenommen wird oder unterwegs aus der Natur gewonnen werden soll, muss getroffen werden, bevor die Ausrüstung zusammengestellt wird. Die Länge des Aufenthaltes in der Wildnis bestimmt, wie viel Nahrung benötigt wird. Die Menge, die wir im Rucksack mit uns nehmen können, ist begrenzt.

✱ Wer nur 1 oder 2 Tage unterwegs sein wird, kann sich leicht mit Lebensmitteln aus dem Supermarkt eindecken. Dabei gilt der Grundsatz: Selbst für einen noch so kurzen Ausflug ist etwas zu essen und eine Flasche mit Wasser mitzunehmen. Am besten ist es, einige Packungen gefriergetrocknete Nahrung als Notreserve im Rucksack zu verstauen. Die meist in Beutel verpackten Gerichte, in denen sie auch zubereitet werden, sind schmackhaft, allerdings auch teuer. Sie halten sich sehr lange und brauchen nur einmal im Jahr oder noch seltener umgeschlagen zu werden. Ohne Wasser sind sie allerdings wertlos.

✱ Die Meinung der Fachleute geht weit auseinander, wenn es um die Auswahl ergänzender Nahrung von hohem Energiewert geht. Die einen schwören auf Schokolade und Granolariegel mit einem hohen Zuckergehalt, andere lehnen Süßes grundsätzlich ab. Einige Dosen mit Sardinen in Öl sind eine gute und preiswerte Alternative, denn sie enthalten viel Protein und Fett. Dabei den Dosenöffner nicht vergessen!

✱ Suppenpulver ist leicht und haltbar, hat jedoch nur geringen Nährwert. Daraus lässt sich jedoch rasch eine wärmende Brühe zubereiten. Letztlich hängt es weitgehend vom Geschmack des Einzelnen ab, wofür er sich entscheidet.

Auch im Busch gelten die Gesetze der Zivilisation

✱ Wer aus dem dicht besiedelten Zentraleuropa in ein Land der Weite und Leere wie z.B. Kanada reist, wo 90% der Bevölkerung in einem 100 km breiten Gürtel entlang der Grenze zu den USA leben, mag nördlich davon denken, dass die Zivilisation hinter ihm liegt. In mancherlei Hinsicht mag dies stimmen, jedoch nicht bezüglich des langen Armes des Gesetzes, hier vertreten durch die legendäre Royal Canadian Mounted Police. Die Regeln, was sich der Einzelne aus der Natur nehmen darf, sind sehr großzügig, sollten aber tunlichst eingehalten werden. Unkenntnis schützt nicht vor einer Geldstrafe. Außerdem können Teile der Ausrüstung samt Fahrzeug konfisziert werden. Die Regeln erscheinen jährlich neu und sind kostenlos in jedem Sportgeschäft erhältlich.

✱ Ohne auf Einzelheiten eingehen zu wollen, muss gesagt werden, dass die meisten Übertretungen beim Angeln begangen werden. Die Einschränkungen können vielfältig sein, vom strikten Angelverbot oder zeitlichen Einschränkungen bis hin zum Verbot von bestimmten Ködern oder zur Beschränkung der Fangmenge pro Tag.

✱ Im Notfall, wenn die mitgebrachten Lebensmittel aufgebraucht sind, werden diese Regeln nicht so strikt Anwendung finden. Dennoch gilt der Grundsatz: Nur so viel wie nötig. Jeder Jagd- und Wildaufseher wird erkennen, ob es sich bei der mitgeführten Verpflegung um Notverpflegung handelt. Bei Schusswaffen wird illegaler Besitz allerdings unnachgiebig bestraft.

✱ Was hier für Kanada, einem der Hauptreiseländer für Wildnistouren, gesagt wurde, gilt sinngemäß auch für alle anderen Länder. Jeder Reisende sollte sich deshalb vor Antritt seiner Tour eingehend über die landesspezifischen Gesetze, Verordnungen und Bestimmungen vor Ort erkundigen.

Kleine Tiere als Nahrungsquelle

Die kleinen Tiere der Natur bleiben als mögliche Nahrungsquelle oft unbeachtet. Es kann jedoch schnell eine Situation eintreten, in der kaum größere Tiere in unmittelbarer Umgebung anzutreffen sind oder in der man kein Jagdglück hat.

Insekten

✱ Insekten haben einen erstaunlichen Nährwert. Während Rindfleisch einen Proteingehalt von 20 % besitzt, liegt er bei den meisten Insekten bei 60 %. Es kann jedoch sehr mühsam und langwierig sein, eine ausreichende Menge davon einzusam-

Insekten als Nahrung

Insekten zu essen, wird für die meisten mit erheblicher Überwindung, vielleicht sogar mit Ekel verbunden sein. Sind sie jedoch zubereitet und zerkleinert, dann sind sie als solche nicht mehr zu identifizieren. Am besten vergisst man beim Essen, dass sie Bestandteil der Mahlzeit sind.

meln. Als eigenständige Mahlzeit kommen sie deshalb kaum infrage, jedoch sind sie eine wichtige Ergänzung, wenn sie einer Suppe oder einem Ragout hinzugefügt werden. Dies gilt besonders, wenn die Lebensmittel knapp werden und jede Möglichkeit ausgeschöpft werden muss, sie zu strecken.

✷ Alle Insekten müssen gekocht oder geröstet werden, da sie häufig von für den Menschen schädlichen Parasiten befallen sind.

Heuschrecken: Sie klettern nachts an höheren Gräsern und Büschen empor. Dort können sie frühmorgens, wenn sie noch von der Kälte unbeweglich sind, eingesammelt werden. Tagsüber können sie mit Weidenruten erschlagen werden. Im Juli und August sind sie in offenem Gelände, wie Bergwiesen, in großer Zahl anzutreffen. Sie werden entweder geröstet oder getrocknet, zermahlen und anderen Speisen zugefügt.

Die Larven vieler Fliegensorten: Sie leben an der Unterseite von Steinen, die in rasch fließendem Wasser liegen. Im Frühjahr kriechen sie ans Ufer. Dort werden sie eingesammelt und in einem feuchten Behälter aufbewahrt, bis sie mit anderer Nahrung gekocht werden.

Ameisen: Sie sind nicht nur essbar, sondern gelten in manchen Ländern als Delikatesse. Die kleinen roten und schwarzen Ameisen zu sammeln ist sehr mühsam. Die großen Ameisen, die in verrotteten Bäumen und Stümpfen hausen, lohnen sich schon eher. Sie werden in einer Pfanne geröstet und anderen Speisen zugesetzt.

Reptilien und Amphibien

Es lohnt sich kaum, diesen Tieren gezielt nachzustellen, weil die Erfolgsaussichten, sie zu fangen, recht gering sind.

Schlangen: Huscht jedoch eine Schlange vor einem davon, sollte

man ihr nachstellen und sie mit einem Stock an den Boden drükken, um sie mit einem Stein oder dem Messer zu töten. Unbekannte Schlangen sind immer wie Giftschlangen zu behandeln.
Frösche: In der Nähe eines Sumpfes kann es möglich sein, eine größere Anzahl von Fröschen zu fangen. Sie werden mit einem angespitzten Stock aufgespießt.
Zubereitung: Frösche wie auch Schlangen müssen ausgeweidet und gehäutet werden, bevor sie zubereitet werden. Als Erstes wird der Schlangenkopf abgeschnitten und vergraben, damit niemand beim Umgang mit dem Tier versehentlich mit den Giftzähnen in Kontakt kommt. An einem Frosch ist außer den Schenkeln nicht viel Nahrhaftes. Anstatt das ganze Tier zu häuten, empfiehlt es sich, die Hinterläufe abzutrennen und nur sie zu häuten. Das Fleisch der Schlange wird in Stücke zerteilt und direkt über dem Feuer gebraten. Da das Fleisch ziemlich fest ist, wird es eine Weile dauern, bis es weich gebraten ist. Die kleinen Froschschenkel müssen in einer Pfanne gebraten werden. Sie garen in kurzer Zeit.

Vögel

Kleine Vögel sind schwierig zu fangen, sei es mit der Schlinge oder mit einem Netz. Ihnen sollte deshalb nur nachgestellt werden, wenn sich gar nichts anderes anbietet. Der Aufwand, einen Vogel zu fangen, steht in keinem Verhältnis zur Ausbeute. Größere, weniger flüchtige Vögel sind als Jagdbeute besser geeignet.

Säugetiere als Nahrungsquelle

Neben Fischen werden Säugetiere wohl das am meisten gejagte Wild sein. Sie liefern eine vollwertige, stärkende und sättigende Mahlzeit. Außerdem lässt sich ihr Fleisch als Notverpflegung konservieren.

Jagdmethoden

✱ Bevor überhaupt begonnen wird, sich über die Jagd Gedanken zu machen, muss herausgefunden werden, welche Tiere sich in der Nähe befinden und welche als Nahrungsquelle infrage kommen. Hier ist der Fährtensucher gefragt, der Waldläufer, der aus allen Zeichen und Spuren seine Rückschlüsse zieht.

✱ Als Erstes muss ein Tier gesichtet werden, und zwar bevor es einen selbst sieht, denn sonst schwinden die Erfolgsaussichten rapide. Dann heißt es, nahe genug heranzukommen, um das Tier erlegen zu können. Diese Schritte erscheinen zwingend und logisch, sind jedoch im Einzelfall sehr schwierig in die Tat umzusetzen.

Schusswaffen

✱ Wegen ihrer großen Reichweite und Feuerwirkung sind sie oft die bevorzugte Möglichkeit, ein Tier zu erlegen. Gesetzliche Bestimmungen schränken den Gebrauch von Schusswaffen jedoch stark ein. Wird eine solche Waffe gewählt, stellt sich die Frage nach Kaliber und Geschossgröße. Die Wahl wird nicht nur von dem zu erlegenden Wild bestimmt, sondern auch vom Gewicht der Waffe.

✱ Eine Schrotflinte kommt wegen des Gewichts und des Volumens der Munition im Allgemeinen nicht infrage, wenn die Waffe ständig mit der Ausrüstung getragen werden muss. Ein Kompromiss zwischen Gewicht und Feuerkraft ist eine Kleinkaliberwaffe des Kalibers 22 mit einem Zielfernrohr. Die Durchschlagskraft auf bis zu 75 m ist beachtlich, so dass auch Rehwild erlegt werden kann.

✱ Eine Alternative mit ebenfalls beachtlicher Reichweite ist der moderne Jagdbogen. Die Pfeile durchdringen ein Beutetier wie ein Geschoss. Außerdem besteht die Möglichkeit, mehr als einen Pfeil abzuschießen, bevor die Tiere fliehen.

✱ Ist ein Tier außerhalb der Schussentfernung gesichtet, kommt es darauf an, sich unentdeckt anzupirschen. Hierbei hilft die Kenntnis, wie sich das Wild verhält.

✱ Rehwild äst 15 bis 20 Sekunden, um dann den Kopf zu heben und die Umgebung nach einer möglichen Bedrohung abzusuchen. Das Äsen ist die Zeit, während der der Abstand zum Wild verringert werden muss, da es während dieser Zeit seine Umgebung nicht wahrnehmen kann. Bevor das Wild den Kopf hebt, muss der Jäger wieder völlig regungslos stehen, um nicht den Argwohn des Tieres zu erwecken. Jäger raten dazu, den Blick nicht direkt auf das Tier zu richten, sondern es nur aus dem Augenwinkel zu beobachten, je-

Einfache Schlingen ohne Köder **1**

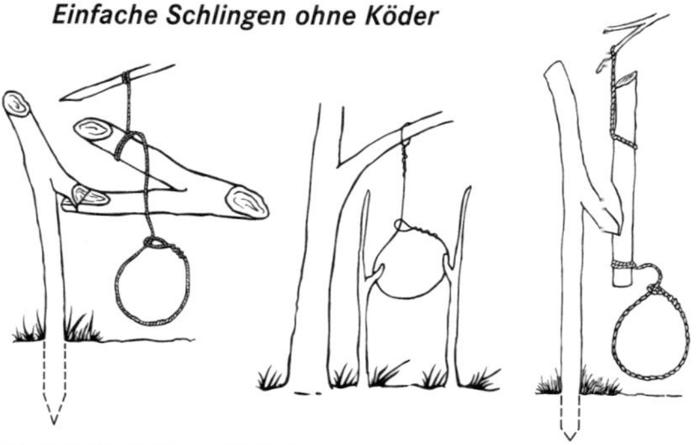

doch ohne den Kopf auch nur einen Millimeter zu bewegen.

✱ Während des Manövers muss der Wind den menschlichen Geruch vom Wild weg tragen.

✱ Ist das Wild in Schussnähe, wird der beste Zielpunkt festgelegt. Bietet ein Tier die volle Breitseite, ist der Schuss leicht zu platzieren, knapp hinter der Schulter, wo Herz und Lunge liegen. Häufige Fehlschüsse werden auf Wild abgegeben, das entweder teilweise zu- oder abgewandt ist. Die Breite des Brustkorbs ist zu berücksichtigen, denn die vitalen Organe liegen im Zentrum. Ist das Tier dem Jäger teilweise zugewandt, liegt der Zielpunkt vor der Schulter, im anderen Fall ist es umgekehrt.

Schlingen

✱ Obwohl es durchaus möglich ist, auch größere Tiere mit der Schlinge zu fangen, richtet sich das Augenmerk in erster Linie auf das Niederwild.

✱ Für Schlingen ohne Köder muss man genau wissen, wo sich die Tiere aufhalten. Nur wo sie sich häufig und regelmäßig bewegen, ist es sinnvoll, eine Schlinge auszulegen.

Einfache Schlingen

➤ An einer Stelle, wo der Pfad eingeengt ist und dem Tier keine Umgehungsmöglichkeit bietet,

wird die Schlinge in der Höhe angebracht, in der wahrscheinlich der Kopf sein wird.

➤ Wesentliche Veränderungen, um ein Tier in eine bestimmte Richtung zu lenken, sollten vermieden werden, da das Risiko zu groß ist, neben der Schlinge auch den menschlichen Geruch zurückzulassen.

➤ Das Ende der Schlinge wird an einem höher gelegenen Punkt fest verankert. Dadurch wird das Opfer, sobald es den Kopf durch die Schlinge steckt, festgehalten und bei dem Versuch, sich zu befreien, erwürgt.

➤ Kleine Zweige oder kräftige Halme können dazu dienen, die Schlinge offen zu halten und zu verhindern, dass sie sich durch ihr Gewicht zuzieht **(1)**

➤ Wird versucht, ein Tier mit Hilfe eines Köders in eine Schlinge zu locken, muss der Zugang zum Köder mit mehreren Schlingen belegt werden.

➤ Am einfachsten ist wohl das Eichhörnchen mit einer Schlinge zu fangen. Es hat wenig Scheu vor dem Menschen und kommt von selbst in die Nähe des Lagerplatzes. Bevorzugte Aufenthaltsorte lassen sich an Bergen von Zapfen und deren Überreste erkennen.

➤ Eichhörnchen nehmen angelehnte oder zwischen 2 Stämmen in etwa 1 m Höhe befestigte Stangen gerne als Laufwege an. Durch eine Serie von Schlingen lassen sich hier nicht selten mehrere Tiere gleichzeitig fangen. **(2)**

Technisch verfeinerte Schlingen

Eine verbesserte Variante der Schlinge ist mit einem Federmechanismus ausgestattet, der bei leisester Berührung ausgelöst wird, das Tier vom Erdboden hoch reißt und so rasch tötet.

➤ Zum Hochreißen eignet sich ein heruntergebogenes Bäumchen, das durch den Auslösemechanismus in seiner gespannten Position gehalten wird.

➤ Um sich so Nahrung zu verschaffen, ist es nötig, sehr viele Schlingen auszulegen. Damit man sie wiederfindet, sollte man sich Skizzen von den Auslegeorten machen. In der Nähe der Schlingen helfen kleine Zeichen aus Steinen oder Zweigen, auf sie hinzuweisen.

➤ Alle Schlingen müssen täglich kontrolliert werden.

Fische als Nahrungsquelle

Meist ist es einfacher, Fische zu fangen als Landtiere. Das beliebteste Mittel, Fische zu fangen, ist das Angeln. Der Aufwand ist gering. Eine Angel ist leicht und lässt sich problemlos mitführen. Ein Nachteil ist, dass der Angler sie ständig beaufsichtigen und dabei sehr still sitzen muss. Kaltes, nasses Wetter kann das Angeln be- oder verhindern. Ein wenig bedachter Nachteil ist auch, dass während der Zeit des Angelns keine anderen Arbeiten verrichtet werden können. Eine Reuse oder Fischfalle braucht dagegen nur gelegentlich überprüft zu werden. Der Preis für diesen Vorteil ist jedoch der weitaus größere Aufwand.

✱ Fische halten sich häufig in Ufernähe auf, dort, wo die Strömung sehr gering und das Wasser etwas tiefer ist. Gern stehen sie auch an Plätzen, wo die Uferböschung unterspült ist. An diesen Stellen empfiehlt es sich, sein Glück zuerst zu versuchen.

Die Angel

Eine wirksame Angelausrüstung lässt sich aus wenigen, Platz und Gewicht sparenden Einzelteilen zusammenbauen. Angelschnur, einige Meter Vorfach und eine Serie von Haken verschiedener Größe genügen schon, um erfolgreich zu sein. Ein biegsamer Weidenstock dient als Angelrute. Auf die Führungsösen kann verzichtet werden, ebenso auf eine Rolle. In einem nicht befischten

Gewässer werden die Fische beinahe jedes Nahrungsangebot annehmen, z.B. Würmer, Maden, Heuschrecken oder ein Stück Käse oder Wurst.

➤ Es ist sinnvoll, einen Schwimmer zwischen Angelschnur und Vorfach zu befestigen. Jedes Stückchen Holz eignet sich dafür. Mit diesem kann sich der Köder ein Stück von der Spitze der Angel weg bewegen. Die Wahrscheinlichkeit, dass die Fische den Angler wahrnehmen, ist dadurch geringer. Außerdem zeigt der Schwimmer durch leichte Bewegungen auf der Wasseroberfläche an, dass sich jemand für den Köder interessiert, und zwar lange bevor Zug an der Leine zu spüren ist.

➤ Sobald der Schwimmer unter Wasser gezogen ist, wird der Haken im Fisch mit einem kurzen Ruck festgesetzt. Damit der Schwimmer auf die geringste Berührung reagiert, soll er gerade imstande sein, sich an der Oberfläche zu halten.

Der Köder

Eine spezielle Art von Köder ist die künstliche Fliege. Insbesondere im Frühsommer, wenn die verschiedenen Insekten, die ihr Puppenstadium unter Wasser verbringen, schlüpfen und an die Oberfläche steigen, sind Raubfische wie Forellen ganz wild auf diese Nahrung.

➤ Wer zu den blanken Haken keine Fliegen eingepackt hat, kann sich behelfen, indem er durch Umwickeln des Hakenschafts mit sehr dünnem Garn den Körper eines Insekts aufbaut. An den »Fliegenkörper« werden kleine Federn oder Wollstückchen als Flügel angebunden.

Die Reuse

➤ Aus biegsamen Zweigen wird ein zylinderförmiger Korb hergestellt, der an einem Ende verschlossen wird. Die Maschenweite wird so gewählt, dass die Fische, die gefangen werden sollen, nicht hindurchschlüpfen können.

➤ Am anderen Ende werden Weidenzweige so angeordnet, dass sie einen nach innen gerichteten Trichter bilden, in dessen Mitte eine Öffnung von 6 bis 8 cm verbleibt.

➤ Die Reuse wird so ins Wasser gesetzt, dass sie ganz untergetaucht ist. Dabei ist es unwichtig, ob die Öffnung flussab- oder flussaufwärts zeigt. Sind die Fische einmal in den Fangkorb geschwommen, finden sie den Ausgang nicht mehr.

➤ Die Reuse wird 2- bis 3-mal pro Tag überprüft und geleert. Ist die Reuse nach 2 Tagen immer noch leer, muss ein anderer Standort gewählt werden.

Das Netz

Ist das Gewässer schmal, kann ein Netz an beiden Ufern verankert und über die volle Breite gespannt werden. Zwei wichtige Dinge sind dabei zu beachten.

➤ Trockene Holzstückchen müssen an der Oberseite befestigt werden, damit das Netz an der Wasseroberfläche gehalten wird, und Steine am unteren Ende, damit das Netz nach unten gespannt wird. Es ist besser zahlreiche kleinere Steine zu verwenden, als wenige große, um einen gleichmäßigen Zug sicherzustellen. Das Gewicht der Steine soll die Schwimmer ins Wasser ziehen, aber nicht untertauchen. Wie der Schwimmer an der Angel, so zeigen auch diese Schwimmer an, ob sich Fische im Netz verfangen haben.

➤ Bei der Auswahl des Netzes ist es wichtig, auf die Maschengröße zu achten. Durch große Maschen schwimmen kleinere Fische hindurch. Da man keine Trophäenfische fangen will, ist eine Maschengröße von 4 bis 6 cm angemessen.

Pflanzen als Nahrungsquelle

Die überwiegende Anzahl der Pflanzen ist essbar, dennoch sollte niemand das Risiko eingehen, eine unbekannte Pflanze zu sich zu nehmen.

✱ Sollte es unumgänglich sein, sich von unbekannter pflanzlicher Nahrung zu ernähren, darf sie zunächst nur in kleinen Mengen gegessen werden. Danach muss dem Körper Zeit gegeben werden, die Nahrung auf Verträglichkeit zu prüfen. Haben nach 2 bis 3 Stunden weder der Magen noch der Darm mit Beschwerden reagiert, kann die Menge erhöht werden.

✱ Fruchtstände, wie z.B. Beeren, sind häufiger giftig als das Grün. Die Wurzeln dagegen sind selbst bei giftigen Pflanzen meistens essbar.

✱ Es soll hier nur eine Auswahl von essbaren Pflanzen vorgestellt werden, die in zahlreichen Ländern vorkommen und kaum mit anderen Pflanzen verwechselt werden können.

Beeren (Blau-, Brom-, Erd-, Him- und Preiselbeeren)

* Beeren findet man auf der Nordhalbkugel fast überall. Die Früchte können im Sommer geerntet werden.
* Sie liefern wichtige Vitamine für den Körper und können sowohl roh verzehrt als auch gekocht werden (Suppen, Saft, Marmelade etc.).
* Aus getrockneten Brombeerblättern lässt sich ein wohlschmeckender Tee zubereiten, der auch gegen Durchfall hilft.
* Die Blätter der Preiselbeere dürfen nicht verzehrt werden. Sie sind in größeren Mengen genossen giftig.

Beifuß

* Beifuß ist vor allem an Waldrändern und Flussufern zu finden. Zum Essen eignen sich die kurz vor dem Erblühen stehenden Rispen. Sie können im Juli und August gesammelt werden.
* Die Rispen werden getrocknet und dann gerieben als Gewürz zu Fisch, Suppen oder Saucen gegeben.

Brennnessel

* Die Brennnessel ist nahezu überall dort zu finden, wo der Boden reich an Stickstoff ist.
* Ab April können die jungen Triebe geerntet werden. Sie sind reich an Eisen und Vitamin C. Durch Kochen geht die Brennwirkung der Blätter verloren.
* Aus den jungen Trieben lässt sich ein schmackhaftes Gemüse zubereiten.

Eberesche

* Die Eberesche kommt hauptsächlich in lichten Laub- oder Nadelwäldern und Buschlandschaften vor. Sie wächst bis hinauf in höhere Lagen. Die doldenartigen Fruchtstände sind nicht zu verwechseln und ihre leuchtende Farbe macht es leicht, sie zu finden.
* Gesammelt werden die im Herbst reifen roten Beeren. Vor dem Verzehr müssen sie gekocht werden, da sie roh leicht giftig sind.
* Die Beeren eignen sich besonders für die Zubereitung von Mus oder Marmelade.

Farne

* Farne kommen in Wald- und Feuchtgebieten vor. Sie sind an

ihren stark gefiederten Blättern zu erkennen.
✱ Junge Triebe, die gerade aus dem Boden schauen und noch eingeringelt sind, eignen sich abgekocht als Gemüse.
✱ Die Wurzeln sind sehr nahrhaft, jedoch auch holzig. Sie sollten gekocht werden. Der Sud kann als Tee getrunken werden.

Gänseblümchen

✱ Gänseblümchen, auch Tausendschön genannt, gedeihen das ganze Jahr über. Sie wachsen vorwiegend auf kurzhalmigen Wiesen.
✱ Als Nahrung dienen die Blüten und die grünen Blätter. Sie können als Gemüse oder als Zugabe zu einer Suppe verarbeitet werden.

Große Klette

✱ Die große Klette ist fast über die ganze Erde verbreitet. Charakteristisch sind ihre kugelförmigen, rötlichen Blüten, die an ihren Blütenkörben kleine Widerhaken besitzen.
✱ Als Nahrung eignen sich die jungen Triebe, die Blätter und die Wurzeln. Aus ihnen lassen sich schmackhafte Gemüse zubereiten.

Huflattich

✱ Huflattich ist ein robustes Blattgewächs, das hauptsächlich in Europa und Asien beheimatet ist, aber inzwischen auch in Nordamerika vorkommt. Er wächst an Ufern, Wegrändern und auf Brachflächen.
✱ Die jungen, grünen Blätter, die erst nach der Blüte im März und April wachsen, können gegart als Gemüse oder roh als Salat gegessen werden.

Löwenzahn

✱ Löwenzahn ist eine weit verbreitete Pflanze und wächst auf Wiesen, Weiden, in Uferbereichen und in lichten Wäldern.
✱ Die jungen Blätter eignen sich für Salat, auch die Blütenknospen sind essbar.
✱ Die Wurzeln können getrocknet und zerstampft als – nicht zu verachtender – Kaffeeersatz verwendet werden.

Nüsse (Hasel- und Walnüsse, Bucheckern)

✱ Nüsse haben einen sehr hohen Nährwert. Die Haselnuss enthält beispielsweise etwa 60% Öl. Hinzu kommen ein recht beträchtlicher Anteil an Eiweiß und verschiedene Mineralien.

Pflanzen als Nahrung

Beschäftigen Sie sich vor Antritt Ihrer Tour mit der Bestimmung von Pflanzen, damit Sie im Notfall auf diese Nahrungsquelle zurückgreifen können.

✷ Die Früchte werden im Herbst reif und sind eine beliebte Nahrung der Nagetiere.
✷ Die Nüsse können ganz gegessen oder zerkleinert anderen Nahrungsmitteln wie Obst oder Mehl beigefügt werden.

Rohrkolben

✷ Der Rohrkolben ist über Europa, Asien und Nordamerika verbreitet. Er wächst an den Rändern von Feuchtgebieten und ist an seinem braunen, kolbenartigen Blütenstand zu erkennen.
✷ Die Wurzel enthält bis zu 40% Stärke, die mit Wasser ausgelöst werden kann.
✷ Die braunen Kolben lassen sich wie Maiskolben zubereiten.
✷ Das Mark der Triebe eignet sich als Gemüse.

Vogelmiere

✷ Die Vogelmiere ist über die ganze Erde verbreitet. Sie wächst in Gräben und Gebüschen und dort, wo der Boden besonders stickstoffhaltig ist.
✷ In den gemäßigten Breiten kann sie das ganze Jahr über geerntet werden.
✷ Als Nahrung dienen die jungen Triebe und Blätter. Sie enthalten viel Vitamin C und eignen sich für Salate.

Schilf

✷ Das Schilfrohr ist in fast allen Marschen und Feuchtgebieten zu finden.
✷ Der Blütenstand ist essbar, wenn er noch jung und grün ist. Er kann wie Spargel gekocht werden.
✷ Das saftige Innere des darunter stehenden Stängels (30 bis 40 cm Länge) kann entweder roh oder gekocht verspeist werden.

Pilze

✷ Vor dem Genuss von Pilzen ist bereits gewarnt worden (siehe Seite 43). Selbst Pilze, die nicht giftig sind, können starke Verdauungsstörungen hervorrufen, da sie schwer verdaulich sind.
✷ Nur Pilze, die eindeutig als essbar und bekömmlich bekannt sind, sollten in den Speisezettel aufgenommen werden.

Zubereitung der Nahrung

Die Verarbeitung von Lebensmitteln in der Wildnis hat eine doppelte Aufgabe.

Aufgabe 1: In erster Linie sollen sie für den menschlichen Verzehr zubereitet werden. Es ist nicht ratsam, rohes Fleisch zu essen. Zahlreiche Pflanzen sind erst gekocht genießbar. Gleichzeitig mit den Nahrungskalorien werden dem Körper auch Kalorien in Form von Wärme zugeführt. Eine warme Mahlzeit ist einer kalten in jedem Fall vorzuziehen.

Aufgabe 2: Sie besteht darin, Lebensmittel, die nicht sofort verzehrt werden, haltbar zu machen, um sie als Vorrat verfügbar zu haben.

Vorbereitung

Säugetiere: Alle erlegten oder erbeuteten Säuger müssen ausgeweidet und gehäutet werden.

➤ Zwischen den Hinterläufen beginnend wird die Decke des Tieres bis hinauf zum Hals aufgeschnitten. Dabei wird das Messer mit der Schneide nach oben knapp unter der Decke entlanggeführt. Mit dem Zeige- und Mittelfinger der anderen Hand werden die Eingeweide nach unten gedrückt. Dadurch wird verhindert, dass die Därme verletzt werden und ihr Inhalt das Fleisch verdirbt.

➤ Eine andere Methode ist es, das Messer mit dem Rücken auf den ausgestreckten Zeigefinger aufzulegen und so den Schnitt zu führen. Um zu vermeiden, dass sich der Darminhalt in das Innere der Bauchhöhle entleert, kann um das Rektum ein tiefer, kreisförmiger Schnitt gezogen werden. Das Endstück des Darmes wird einige Zentimeter herausgezogen und mit einem Stück Schnur zugebunden. Die Innereien können nun komplett herausgezogen werden.

➤ Es wird bei größeren Tieren notwendig sein, das Zwerchfell herauszuschneiden. Leber und Herz werden aufgehoben, der Rest sollte gut vergraben werden, um keine wilden Tiere anzulocken.

➤ Von der Bauchöffnung aus werden entlang der Innenseite der Läufe Schnitte in die Decke gezogen. Von diesen aus wird das Tier gehäutet.

Fische: Sie werden üblicherweise an der Unterseite aufgeschnitten, um die Innereien zu entnehmen. Der Kopf wird oft auch abgetrennt, da er wenig Essbares enthält.

➤ Soll der Kopf dranbleiben, um den Fisch z.B. zum Räuchern aufzuhängen, dann müssen die Kiemen unbedingt entfernt werden. Sie sind voller Bakterien.

➤ Eine andere Möglichkeit, den Fisch vorzubereiten, ist, den Kopf abzutrennen und den Schnitt entlang der Rückenflosse vorzunehmen, ohne die Unterseite zu öffnen. Beide Seiten werden von den Gräten gelöst, sie bleiben an der Bauchdecke zusammen. So entfernt man in einem Arbeitsschritt Gräten und Eingeweide.

Garmethoden

Kochen

Die beste Methode, Fleisch oder Fisch zuzubereiten, ist das Kochen. Hierfür wird weniger Heizmaterial benötigt als für jede andere Zubereitungsart. Sämtliche Bestandteile des Fleisches bleiben erhalten und das Ganze kann durch den Zusatz von Gewürzen und Pflanzen verfeinert werden.

➤ In einem Topf, der über das Feuer gehängt wird, kocht man gleich große Stücke in Wasser. Den Kochtopf kann man weitgehend unbeaufsichtigt über dem Feuer kochen lassen, bis das Fleisch gar ist. Es ist wichtig, zum Aufhängen des Topfes frische, grüne Äste zu verwenden, damit sie nicht Feuer fangen.

Grillen und Braten

Eine einfache Methode, bei der kaum Hilfsmittel erforderlich sind, ist das Grillen oder Braten. Das Ergebnis ist häufig schmackhafter als beim Kochen, dafür gehen viele Nährwerte verloren.

➤ Fisch oder Fleisch werden auf einen grünen Zweig gespießt und neben, nie über die Glut gehalten, bis sie gar sind.

➤ Das Bratgut schrumpft erheblich und viel wertvoller Fleischsaft geht verloren. Ist ein Auffanggefäß zur Hand, sollte der Bratensaft aufgefangen werden. Steht ein solches nicht zur Verfügung, kann das Bratgut zu Beginn ganz nahe an die Glut gehalten werden, damit sich rasch eine Kruste bildet, die das Austrocknen verhindert.

➤ Eine andere Möglichkeit ist, Fisch oder Fleisch mit Holzstiften an der Innenseite eines gespaltenen Holzklotzes zu befestigen und diesen aufrecht in die Nähe des Feuers zu stellen, das Bratgut dem Feuer zugewandt.

➤ Fisch lässt sich auf einem Gerüst über die Glut hängen, wenn beide Hälften am Schwanzende noch zusammenhängen.

Garen in der Feuerkuhle

Größere Fleischstücke können zum Garen in eine Feuerkuhle gelegt werden.

➤ Hierzu wird eine kleine Grube ausgehoben und mit Steinen ausgelegt. Ein kräftiges Feuer, das die Steine erhitzt, wird darüber angezündet. Hat sich genügend Glut gebildet, wird das Feuer auseinander geschoben und das in Lehm gewickelte Fleisch in die Mitte gelegt. Mit der zur Seite geschobenen Glut wird alles zugedeckt. Auf das Fleisch kommt eine 2 bis 3 cm dicke Schicht Erde.

➤ Nach etwa 1 Stunde, je nach Größe des Fleischstücks, ist das Fleisch gar und kann aus der Lehmkruste genommen werden.

Räuchern

Räuchern ist eine vorzügliche Methode, Fleisch und Fisch sehr schmackhaft zuzubereiten und gleichzeitig für lange Zeit haltbar zu machen. Grundsätzlich gibt es 2 Möglichkeiten, die des Warm- und die des Kalträucherns.

➤ In beiden Fällen sollte das Räuchergut über Nacht in eine Beize gelegt werden. Die einfachste Beize ist eine Salzlake. 1 Hand voll Salz auf 3 l Wasser kann als Richtwert dienen.

➤ Am nächsten Tag muss das Räuchergut abgetrocknet werden, bevor man es in den Rauch hängt.

Warmräuchern

Beim Warmräuchern liegt oder hängt das Fleisch oder der Fisch unmittelbar über der Glut. Ein solcher Räucherofen ist mit einfachsten Mitteln herzustellen.

➤ Aus Holz wird eine unten offene Box gefertigt. Die Abmessungen könnten bei einer Höhe von 60 bis 80 cm etwa 20 mal 30 cm sein.

➤ In dem Kasten wird das Räuchergut entweder auf einen Rost gelegt oder an Stangen gehängt.

➤ In einem Feuerring wird reichlich Glut erzeugt. Sobald die Flammen aus sind, wird der Kasten auf den Steinen über die Glut gestellt. Nach etwa 20 Minuten sind die Fische geräuchert, Fleisch dauert etwas länger.

➤ Das beste Holz zum Räuchern ist Hartholz. Anderes Holz ist ebenfalls geeignet. Harzreiche Scheite sollten allerdings gemieden werden.

➤ Wer sein Gericht besonders verfeinern möchte, gibt der Glut entweder einige grüne Tannenzweige bei oder, falls verfügbar, einige Zweige des wilden Wacholderstrauchs.

Kalträuchern

Beim Kalträuchern sind Feuerstelle und Räucherofen getrennt, so dass der Rauch das Räuchergut nur abgekühlt erreicht.

➤ Eine solche Vorrichtung lässt sich ebenfalls leicht bauen, indem in eine Uferböschung oder einen steilen Abbruch ein Graben gezogen wird, der so mit Zweigen und Grassoden abgedeckt wird, dass ein Tunnel entsteht. Am unteren Ende wird das Feuer geschürt, am oberen Ende steht die Räucherkammer.

➤ Der Räuchervorgang dauert viele Stunden.

Jerky

Unter dem Namen Pemmican war das, was wir heute als Jerky essen, über Jahrhunderte fester Bestandteil des Speisezettels der nordamerikanischen Indianer. Sie schnitten Büffelfleisch in dünne Streifen und legten sie zum Trocknen in die Sonne. Das Ergebnis waren knochenharte Fleischstreifen, die sich Monate lang hielten. Wer jemals dieses Original-Pemmican gegessen hat, weiß, dass man Geduld und gute Zähne benötigt, um es zu zerkleinern, und viel Wasser, um es hinunterzuspülen. Mit dem Räucherofen lässt sich eine sehr schmackhafte Variante hierzu herstellen.

➤ Neben Rindfleisch eignet sich jegliches Wildfleisch für die Zubereitung von Jerky.

➤ Wichtig ist, das Fleisch in dünne Streifen, quer zur Faser, zu schneiden. Eine würzige Marinade, z.B. aus Sojasauce, Tabasco, Ketchup und Hickoryöl, gibt dem Fleisch einen kräftigen, würzigen Geschmack. Der Fantasie sind hierbei keine Grenzen gesetzt.

➤ Die Fleischstreifen werden kalt geräuchert. Das Endprodukt hält sich über Monate und eignet sich gut als Notverpflegung.

➤ Innerhalb 1 Tages lässt sich so im Busch mit einem einfachen Räucherofen haltbare Verpflegung für Wochen herstellen.

Überleben im Winter

Der Winter birgt viele Vorteile: Über gefrorene Flüsse und Seen kann man gehen, Lebensmittel halten sich länger und aus den Spuren im Schnee kann man die Anwesenheit von Tieren erkennen. All diese Vorteile haben jedoch ihren Preis. Man muss sich mit den Besonderheiten dieser Jahreszeit vertraut machen und lernen, mit Kälte, Schnee und Wind zurechtzukommen.

Hilfsmittel und Werkzeuge

Wir wollen hier nur die Hilfsmittel ansprechen, deren Verwendung typisch für den Winter sind. Bereits vorgestellte Werkzeuge, die immer zum Einsatz kommen, werden nicht mehr erwähnt. Die meisten der speziellen Wintergeräte sind sperrig und/oder schwer, so dass sie nicht mit der allgemeinen Ausrüstung getragen werden können. Sie müssten per Schlitten oder Schneemobil an den Einsatzort gebracht werden.

Der Eismeißel

Der Eismeißel wird benützt, um ein Loch in die Eisdecke zu stemmen, um Trinkwasser zu gewinnen oder durch das Loch im Eis Fische zu fangen.

➤ An einer ca. 1,5 m langen Stange aus Holz oder Eisen wird der Meißelkopf angebunden oder angeschweißt. Die schräg angeschliffene Schneidfläche sollte bis zu 3 cm zurückreichen und muss extrem scharf sein.

➤ Ein schwerer Meißelkopf erleichtert die Arbeit, denn die Bewegungsenergie des herabfallenden Werkzeugs hilft mit, in das Eis einzudringen. Da das Eis, insbesondere auf Flüssen, häufig Sandeinschlüsse hat, muss der Meißel regelmäßig nachgeschliffen werden. Eine dafür geeignete Feile gehört zur Ausrüstung.

➤ Um nicht allzu rasch zu ermüden, sollte der Eismeißel nahe am Körper entlang geführt werden und unter einem Winkel von ca. 5° auf der Eisoberfläche auftreffen, um Eisbrocken leichter auszubrechen.

➤ Das Loch kann je nach Verwendungszweck kreisförmig oder rechteckig angelegt werden. Der Zweck bestimmt auch die Größe der Öffnung.

➤ Deutet der hohle Klang an, dass das Eis fast durchstoßen ist, muss das Werkzeug, das bisher locker nach unten gestoßen wurde, fest in der Hand gehalten werden. Ist das Eis einmal durchbrochen, kann das wertvolle Werkzeug sonst in Sekundenschnelle auf den Grund des Gewässers sinken.

➤ Ein behelfsmäßiger Eismeißel kann aus einem Stahlbolzen selbst hergestellt werden. Ein Bolzen mit einem Durchmesser von 2 bis 3 cm wird schräg abgeschnitten und an einer Stange oder einem Skistock befestigt.

Die Eisnadel

➤ Eine Eisenstange von ca. 1,5 m Länge und 2 bis 3 cm Durchmesser wird an einem Ende auf einer Länge von fast 30 cm so angespitzt, dass der Querschnitt ein gleichseitiges Dreieck zeigt.

➤ Die Wirksamkeit dieses Werkzeugs kann nicht an den Meißel heranreichen, ist jedoch viel einfacher herzustellen.

Der Eisbohrer

Es gibt verschiedene Modelle für unterschiedliche Zwecke.

✷ Das schwedische Modell hat an der Spitze ein löffelförmiges Messer, das durch eine Handkurbel in Drehung versetzt wird und ins Eis eindringt.

✷ Der am häufigsten benutzte Eisbohrer hat 2 schräg angeschraubte Messer, die einen Winkel von etwa 10° zur Horizontale aufweisen. Verschiedene Messerlängen erlauben, ein kreisrundes Loch bis zu 20 cm Durchmesser zu bohren. Mit etwas Übung lässt sich damit eine Eisfläche von 50 cm Dicke in nur 5 Minuten durchbohren.

✷ Wer die körperliche Anstrengung scheut, kann sich für viel Geld einen motorgetriebenen Eisbohrer zulegen.

Die Schnee- und Eissäge

✷ Wer viele Eisblöcke gleicher Größe verarbeiten möchte, wird sich dieser Kombi-Säge bedienen. Für den Bau eines Schneehauses ist ein solches Werkzeug unerlässlich.

✷ Eine typische Schneesäge sieht etwa aus wie ein Fuchsschwanz. Das Sägeblatt ist ca. 1,5 m lang, am Griff rund 25 cm und an der Spitze 12 cm breit. Die Zähne sind zwischen 2,5 und 4 cm lang und stehen ca. 4 cm auseinander.

Eis ist nicht gleich Eis!

✷ Das tragfähigste Eis hat eine bläuliche Färbung und es liegt überall auf der Wasseroberfläche auf.

✷ Es ist leicht möglich, dass solch eine solide Eisschicht durch ansteigenden Druck von unten, verursacht durch einen Zufluss im See, Risse erhält. Durch die Risse dringt Wasser, das sich über dem Eis ausbreitet und – eine Lage Wasser dazwischen lassend – wieder erstarrt. Diese obere Schicht ist trügerisch, denn ihre Tragfähigkeit ist gering. Im Frühjahr kann dies auch auftreten, wenn das Eis tagsüber an der Oberfläche schmilzt und nachts wieder gefriert.

✷ Es ist sehr ermüdend, eine größere Strecke über Eis zu wandern, wenn man bei jedem Schritt einbricht. Da häufig nur ein Teil eines Sees von dieser Eisdoppelschicht bedeckt ist, lohnt es sich, die Überquerung an einer sicheren, kräftesparenden Stelle zu versuchen. Mit der Eisnadel kann herausgefunden werden, an welchen Stellen das Eis dünn und brüchig ist.
✷ Bildet sich Eis in der Strömung eines rasch fließenden Flusses, dann entstehen zunächst große, runde Eiskristalle, die zu größeren Eisbrocken zusammenfrieren und schließlich eine geschlossene Eisdecke bilden. Solches Eis ist weiß und hat nur einen Bruchteil der Tragfähigkeit des oben beschriebenen »blauen« Eises.
✷ Je weiter man in das Frühjahr hineinkommt, desto vorsichtiger muss man sich verhalten. Der See ist zwar noch von einer dicken Eisschicht bedeckt, doch Vorsicht, es können lange, senkrecht stehende Eiskristalle entstehen, die kaum Halt untereinander haben! Solch »sulziges« Eis ist häufig nicht mehr imstande, einen Menschen zu tragen, obwohl es noch 50 cm dick ist. Ist es unumgänglich, eine solche Eisfläche zu überqueren, dann sollte dies in den Morgenstunden erfolgen, wenn der Nachtfrost die Oberfläche etwas verfestigt hat.
✷ Eine gute Idee ist es auch, nach frischen Tierspuren Ausschau zu halten. Hat ein Hirsch oder gar ein Elch erst vor kurzer Zeit denselben Weg genommen, dann ist er auch für den Menschen ungefährlich.
✷ Ein Erwachsener mit 80 kg plus Gepäck kann sich auf eine Eisfläche, die 5 cm dick ist, hinauswagen. Eine Stange sollte zur Sicherheit mitgenommen und quer vor den Körper gehalten werden. Wird mit Skiern gegangen, reicht eine Eisdecke von 2 cm Dicke. Für einen Motorschlitten werden mindestens 10 cm benötigt. Mann und Fahrzeug wiegen immerhin um die 250 kg. Die angegebenen Eisstärken beziehen sich auf Eis mit bester Tragfähigkeit.

Schneeschuhe

✷ Schneeschuhe sind im Winter von jeher das typische Fortbewegungsmittel. Mit ihnen kommt man deutlich langsamer voran als mit Skiern. Dieser Nachteil wird jedoch durch die Standfestigkeit,

Beim Kauf von Schneeschuhen beachten

Beim Kauf oder bei der Anfertigung von Schneeschuhen sollten die folgenden allgemeingültigen Kriterien berücksichtigt werden:

- Verwenden Sie Schneeschuhe so klein und leicht wie möglich, unter ausreichender Berücksichtigung des Körpergewichts.
- Schneeschuhe können selbst bei extrem niedrigen Temperaturen verwendet werden, da dick gefütterte Schuhe darin getragen werden können.
- Die Öffnung für den Vorrfuß muss so groß sein, das sie die Stiefelspitze aufnehmen kann und so ein Abrollen und ein müheloses Anheben der Ferse ermöglicht.
- Ein langer Schneeschuh mit nach oben gebogener Spitze erleichtert das Marschieren in tiefem, weichem Schnee.
- Schmale Schneeschuhe eignen sich am besten, wenn viele Hänge gequert werden müssen.

die man durch sie hat, mehr als wettgemacht. Wer schon einmal mit Gepäck auf Schiern unterwegs war weiß, wie leicht man das Gleichgewicht in ungünstigem Gelände oder bei einer Abfahrt verliert.

✱ Zahlreiche Grundformen unterschiedlicher Länge und Breite haben sich herausgebildet. Jeder Typ hat je nach Schneequalität oder Topografie seine Vorteile und Nachteile.

Die 2 Modelle »Bärentatze« sind im weitgehend ebenen Gelände und weichem, tiefem Schnee einfach zu handhaben. Sie eignen sich nicht sonderlich zum Spuren. Ihr Maschengeflecht verschleißt sich an den hinteren Enden rasch.

Das Modell »Biberschwanz« ist gut geeignet für festen Schnee, weniger günstig für den Abstieg.

»Yukon Trailer/Alaska Trapper« sowie »Cree« wird der Vorzug gegeben, wenn eine Spur gelegt werden soll. Wegen ihrer Länge können sie im Wald dagegen hinderlich sein.

✱ Da jeder nur ein Paar Schneeschuhe mit sich führen wird, muss je nach Vorhaben ein Kompromiss geschlossen werden.

✱ Das Körpergewicht bestimmt, wie lang und wie breit die

Schneeschuhe sein sollen. Bei einem Gewicht von unter 70 kg reichen Schneeschuhe der Maße 124 mal 23 cm aus. Für Personen über 90 kg sollten sie nicht kleiner als 150 mal 30 cm sein.

Schneeschuhe selbst bauen
Behelfsmäßige Schneeschuhe lassen sich mit etwas Geschick selbst herstellen.
➤ 2 kräftige, saftige, gerade Stangen, etwa 3 cm stark und gut 1 m lang, an den Enden zusammenbinden.
➤ Die beiden Stangen in der Mitte auseinander biegen.
➤ 2 Querstreben, im vorderen und rückwärtigen Teil, dazwischen einbauen und festbinden.
➤ Die Öffnungen mit einem Geflecht aus Riemen, Tuchstreifen oder kräftiger Schnur verschließen. Das Geflecht braucht zwischen den Querstreben nicht ganz so dicht zu sein, da hier die Stiefel mithelfen, ein Einsinken zu verhindern.

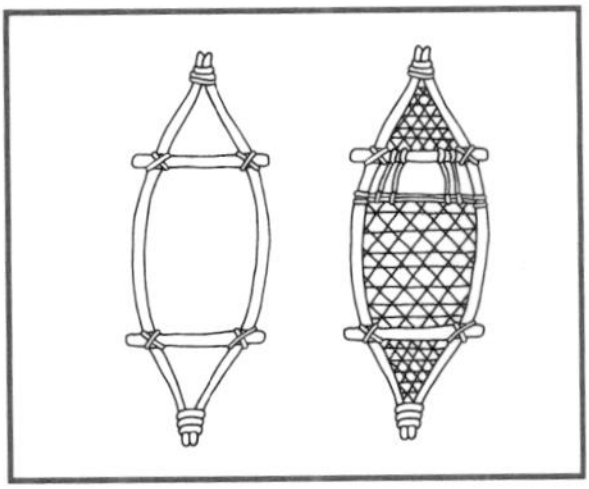

➤ Auch hier ist es wichtig, eine ausreichend große Öffnung für die Stiefelspitze zu belassen.

Eisfischen

Im Winter Fische zu fangen ist gewöhnlich leichter als im Sommer. Es wird nur eine sehr bescheidene Ausrüstung benötigt: 10 bis 20 m Angelschnur, je nach Wassertiefe, ein Brettchen mit 2 Kerben an den Schmalseiten, um die Schnur aufzuwickeln, ein Schwimmer, ein kleines Stückchen Sinkblei und ein Haken.
✱ Ein spezieller Köder lässt sich nicht empfehlen, denn erstaunlicherweise verhalten sich gleiche Fischarten in verschiedenen Gewässern sehr unterschiedlich. Ein Stück Fleisch oder Käse kann die Fische anlocken, aber auch etwas Rogen (Fischeier) eines gefangenen Fisches mag ausreichen.

Eisfischen Methode 1
➤ Mit einem Eismeißel oder einem Eisbohrer wird sehr nahe am Ufer, nicht mehr als 20 m entfernt, ein Loch ins Eis geschlagen.

➤ Mit einem Stein, an ein Stück Angelschnur gebunden, wird die Wassertiefe ermittelt. Die Angelschnur mit einem Köder wird auf die ermittelte Tiefe heruntergelassen.
➤ Jetzt heißt es, geduldig zu sein. Hat sich nach 20 Minuten kein Fisch für den Köder interessiert, sollte auf eine andere Wassertiefe gegangen werden. Hat sich nach einer Stunde auch hier nichts ereignet, muss ein neues Loch an einer anderen Stelle, wieder etwa 20 m vom Ufer entfernt, gebohrt werden. Fische halten sich besonders gerne dort auf, wo sich die Wassertiefe ändert.

Eisfischen Methode 2
➤ Hierfür wird ein Stück Weißblech (Konservendose) ca. 20 cm oberhalb des Angelhakens befestigt. Die Angelschnur wird an einen kurzen Stock gebunden und ins Wasser gelassen.
➤ Mit dem Stock wird die Angelschnur etwa alle 10 bis 15 Sekunden mit einem kurzen Ruck ca. 20 cm nach oben gezogen, um sie anschließend wieder absinken zu lassen.
➤ Das glitzernde Blech lockt Fische an und der sich auf und ab bewegende Köder simuliert einen kranken Fisch.

Eisfischen mit Feuerfloß
Wer weder Eisnadel noch Eisbohrer zur Hand hat, kann sich mit einem Feuerfloß behelfen.
➤ Auf einer Lage Knüppel wird ein kräftiges Feuer geschürt. Dieses schmilzt allmählich durch das Eis, bis es schließlich im Wasser versinkt. Jetzt kann geangelt werden.

Tipps fürs Eisfischen
* Wird es während der Nacht sehr kalt, dann muss damit gerechnet werden, dass das Eisloch vom Vortag im Lauf der Nacht zufriert.
* Um sich die Arbeit zu ersparen, am nächsten Tag erneut ein Loch in das Eis zu schlagen, sollte das Eisloch nach einem erfolgreichen Fischfang mit einem Brett abgedeckt werden. Die sich darunter bildende Eisschicht lässt sich am nächsten Morgen meist mit dem Absatz eines Stiefels wieder aufbrechen.
* Um die Füße während des Wartens auf Beute vor Kälte zu schützen, sollte man sich auf ein Brett oder einige Holzknüppel stellen.

Eisfischen mit Fischnetz

Eine weitere, bequemere Methode ist das Eisfischen mit Hilfe eines Fischnetzes. Bei dieser Methode kann man, während sich die Fische im Netz verheddern, andere Arbeiten erledigen.

➤ Zum Fischen werden 2 Löcher ins Eis gebohrt. Ihr Abstand soll der Länge des Netzes entsprechen. Um das Einsetzen des Netzes zu erleichtern, empfiehlt es sich, ein weiteres Loch in der Mitte zu bohren.

➤ An beide Netzenden bindet man eine Schnur, die so lang ist, dass sie bis zum gegenüberliegenden Loch reicht. Am oberen Ende der Netzes werden Holzstückchen als Schwimmer befestigt, am unteren Ende Steinchen, um das Netz nach unten zu spannen. Gewicht und Auftrieb müssen sich in etwa die Waage halten.

➤ Nun wird das Netz mit Stangen, die zum Halten der Schnur eingekerbt sind, unter dem Eis vom 1. zum 2. Loch geführt. Mit einem 2., ebenfalls eingekerbten Stock kann der Vorgang vom mittleren Loch aus unterstützt werden. Zudem zieht man mit dem 2. Stock die Schnur am 2. Loch aus dem Wasser.

➤ Die Schnurenden werden mit 2 kräftigen Stöcken gesichert. Die Länge der Stöcke muss deutlich größer sein als der Durchmesser des Loches.

➤ Wichtig ist, das Netz so tief im Wasser zu platzieren, dass es nicht an der Unterseite des Eises anfriert.

Eine Unterkunft im Schnee

Der Mensch kann selbst in bester Winterkleidung nur begrenzte Zeit Kälte und Wind standhalten. Spätestens wenn er eine Rast benötigt und sich nicht mehr bewegt, wird die Kälte zum größten Feind. Ist erst einmal der Wille zum Überleben vermindert, schwinden auch die Chancen zu überleben. Deshalb ist dem Bau einer Schutzbehausung höchste Priorität einzuräumen.

Ohne Schlafsack und Hilfsmittel

Eine solche Situation sollte nicht eintreten, denn sie zeugt gewöhnlich von mangelhafter Vorbereitung.

✱ Wird man dennoch von der Nacht überrascht und kann sich keinen Unterstand bauen, muss man mit Energie und Körperwärme extrem haushalten. Mit geeigneter Kleidung, bestehend aus mehreren Lagen, sowie gefütterten Schuhen und Schutz für Kopf und Hände gibt es durchaus eine Chance, eine kalte Nacht zu überleben – vorausgesetzt, man verhält sich richtig.

✱ Man kann sich zwar nicht vor der Kälte schützen, aber gegen den gefährlichen Wind. Bewegte Luft beschleunigt den Wärmeverlust immens.

Windschutz bauen

➤ Dazu sucht man sich einen Nadelbaum mit tief herabhängenden Ästen. Dieser natürliche Schutz wird durch zusätzliche Äste und Schnee verbessert.

➤ Als Lager dient eine dicke Lage von Ästen. Darauf setzt man sich nahe an den Baumstamm, die Beine an den Körper herangezogen, die Arme über den Knien verschränkt. Der Kontakt zum kalten Boden sollte gering sein. Man nimmt eine kugelförmige Haltung an, um den Körper so wenig wie möglich der kalten Luft auszusetzen. So sind die lebenswichtigen Organe weitgehend geschützt. Es ist sogar möglich, etwas zu dösen.

➤ Beginnt man zu frieren, muss alles unternommen werden, um nicht einzuschlafen, denn man würde vermutlich nicht mehr aufwachen. Ist ausreichend Feuerholz in der Nähe und noch genügend Tageslicht, muss man so viel Holz wie möglich sammeln und über Nacht ein Feuer in Gang halten. Hierbei ist Vorsicht geboten: Das Feuer muss klein gehalten werden, damit die aufsteigende Wärme den Schnee auf den Ästen nicht so weit erwärmt, dass er herabfällt!

Die Schneehöhle

➤ Sie ist einfach und rasch auf einem offenen, ebenen Platz mit einer reichlichen Schneeschicht zu bauen.

➤ Dort wird der Schnee aufgehäuft und verfestigt. Für diese Arbeiten lassen sich gut Schneeschuhe verwenden. Um Schutz für eine Einzelperson zu bieten, sollte der Schneeberg mindestens 1,5 m hoch sein und an der Basis einen Durchmesser von mehr als 3 m haben.

➤ Für das Lager werden Zweige gesammelt. Ein kleines Feuer in der Nähe dient dazu, sich, sofern man bei der Arbeit geschwitzt hat, wieder zu trocknen.

Querschnitt durch eine Schneehöhle

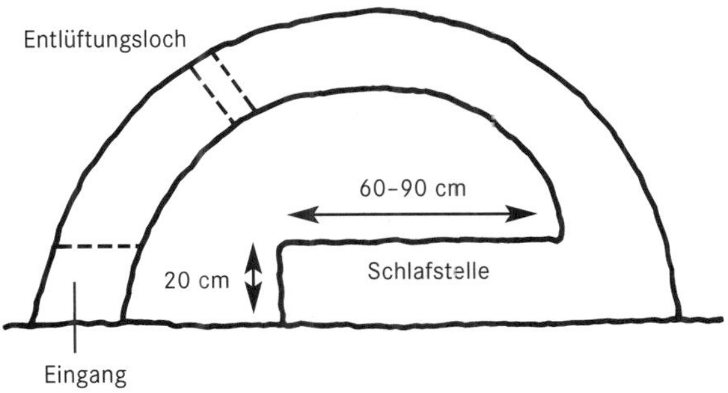

➤ An der windgeschützten Seite wird mit dem Graben eines Tunnels begonnen. Er sollte möglichst tief liegen, damit sich die kalte Luft dort sammelt. Die Öffnung darf nicht größer sein, als 1 Person mit Rucksack zum Einstieg benötigt. Eine kleine Öffnung erschwert zwar die Arbeiten, ist aber besser, als wenn hinterher ein zu großer Eingang verkleinert werden muss.

➤ Aus dem Schneeberg wird eine Höhle gegraben, die Platz für 1 Person plus Gepäck bietet. Die Arbeit sollte zügig, aber ohne Durchschwitzen der Kleidung erledigt werden.

➤ Nachdem ein Tunnel von ca. 50 cm Länge entstanden ist, wird das Innere des Schneebergs ausgehöhlt. Gegraben wird mit den Händen und der lose Schnee mit den Füßen zur Öffnung hinausgeschoben. Von Zeit zu Zeit muss der Schneehaufen vor der Behausung entfernt werden.

➤ Sobald man innerhalb der Höhle knien kann, wird die Schlafplattform angelegt. Sie sollte mindestens 20 cm über dem Tunnelboden liegen, damit man nicht in der Kälte, sondern in dem Teil der Höhle schläft, in dem die Luft am wärmsten ist.

➤ Damit die vom Schläfer erwärmte Luft nicht zu weit nach oben steigen kann, muss die

Querschnitt durch einen Schneegraben

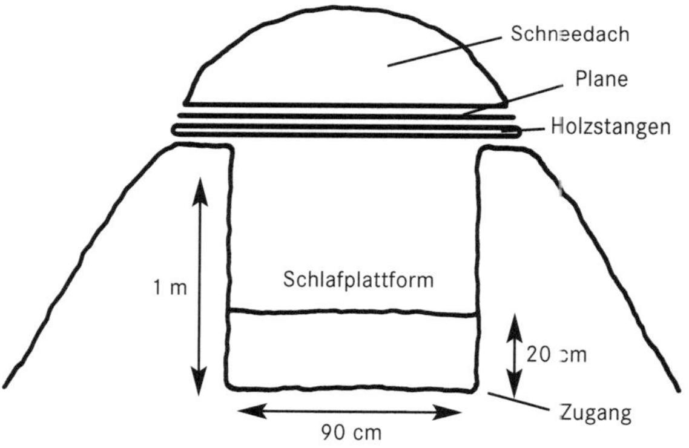

Decke so niedrig wie möglich sein. Gleichzeitig wird verhindert, dass wertvolle warme Luft nach außen entweicht.

➤ Zum Schlafen werden die Zweige für die Unterlage auf das Schneebett geschichtet. Gegenüber vom Schläfer wird ein kleines Entlüftungsloch in die Decke gebohrt.

➤ Der Eingang kann für die Nacht auf verschiedene Weise verschlossen werden. Aus festem Schnee wird ein Block herausgeschnitten, der Öffnung angepasst und von innen in den Eingang gezogen.

➤ Man kann aber auch den Ruksack zum Verschließen nehmen und die offenen Stellen mit Schnee abdichten.

➤ Die Temperatur in der Höhle kann mit Hilfe einer Kerze um mehrere °C erhöht werden.

Der Schneegraben

➤ Für den Schneegraben braucht man eine Plane von wenigstens 2 mal 3 m.

➤ Für das Bauen eines Schneegrabens braucht man nur einen Bruchteil der Zeit, die man für das Graben einer Schneehöhle benötigen würde, da der überflüssige Schnee einfach zur Seite geworfen wird.

➤ Zuerst wird ein Schneehaufen, der 1 m hoch, knapp 2 m breit und etwa 3,5 m lang ist, zusammengeschoben.

➤ Dann werden 15 bis 20 gerade Stangen geschnitten. Ihr Durchmesser sollte etwa die Stärke eines Handgelenks haben und die Länge gut 1 m entsprechen.

➤ Außerdem werden Zweige für das Schlaflager gesammelt. Ein Feuer zum Aufwärmen und Trocknen wird angezündet.

➤ Nun wird der Schneewall ausgeschachtet. Dazu macht man 1 großen Schritt in die Mitte des Schneewalls und beginnt, um sich herum zu graben, bis eine Grube von ca. 90 cm Breite und 2,5 m Länge entstanden ist.

➤ Dort, wo die Schlafstelle vorgesehen ist, wird der Schnee bis auf eine Tiefe von 60 cm, am geplanten Eingang 30 cm tiefer, ausgehoben.

➤ Sobald der Innenraum fertig ist, steigt man ohne die Seitenwände zu beschädigen aus dem Graben heraus. Die Zweige für das Lager werden auf den Schlafplatz geschichtet. Die Stangen legt man gleichmäßig quer über den Graben und deckt ihn mit der Plane ab. Das Ganze wird reichlich mit Schnee zugedeckt.

➤ An der Schmalseite gräbt man nun noch möglichst tief einen Eingangstunnel.

Grundriss eines Schneegrabens

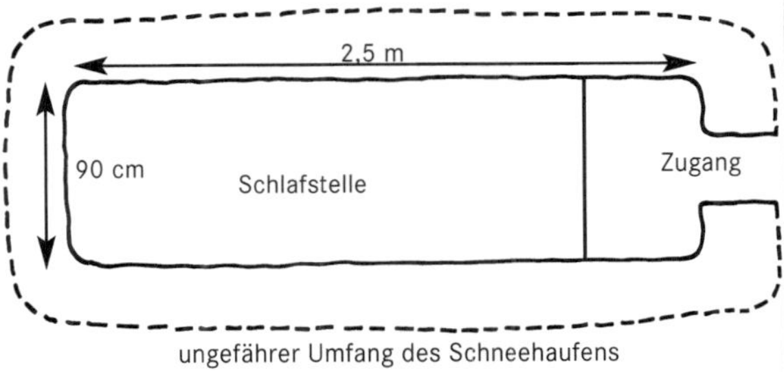

Versorgung bei Unfällen

Eine gründliche Planung, die sorgfältige Vorbereitung und die umsichtige Durchführung einer Trekking-Tour können zwar das Risiko von Unfällen verringern, ganz ausschalten kann man es jedoch nie. Deshalb ist es wichtig, dass jeder Trekker sich mit den Erste-Hilfe-Maßnahmen bereits zu Hause auseinander setzt und sie an Fallbeispielen übt, damit er im Ernstfall effektiv Hilfe leisten kann.

Grundregeln bei Unfällen

Im Gegensatz zu Unfällen in bewohnten Gebieten, bei denen Verletzte schnell zu einem Arzt oder ins Krankenhaus gebracht werden können, sind Trekker in der Wildnis gewöhnlich tagelang auf sich allein gestellt. Die Versorgung von Verletzten muss deshalb viel intensiver sein, als es Erste-Hilfe-Vorschriften festlegen. Manchmal wird man nicht umhinkommen, Behandlungen auszuführen, die in das Aufgabengebiet eines Arztes fallen.

Die wichtigsten Regeln

- Unbedingt Ruhe bewahren!
- Nicht blindlings helfen, sondern sich zuerst einen Überblick über die Situation verschaffen
- Bei Verletzungen als Erstes schwere Blutungen behandeln; dann Personen mit Atemproblemen; dann folgen Vergiftungen, Schock, andere Wunden, Knochenbrüche und Verstauchungen
- Verunglückte entsprechend ihren Verletzungen lagern
- Einengende Bekleidungsstücke öffnen
- Die Verletzten warm halten, aber nicht zusätzlich erwärmen
- Die Verletzten mit Wasser, Kaffee, Tee und ähnlichen Getränken stärken.; die Flüssigkeit schluckweise aufnehmen lassen
- Schwerverletzte nach Möglichkeit nicht allein lassen, sie befinden sich in einem Ausnahmezustand und bedürfen des aufmunternden Zuspruchs

Lagerung von Verletzten

Eine der Verletzung angemessene Lagerung ist wichtig – eventuell überlebenswichtig! Ist der Verletzte ansprechbar, sollte man ihn fragen, was ihm angenehm ist oder was ihm Schmerzen bereitet. Die im Folgenden beschriebenen Lagerungsmöglichkeiten beziehen sich jeweils auf ein Hauptverletzungssymptom. In der Praxis kann es vorkommen, dass mehrere solcher Symptome gleichzeitig auftreten. In diesen Fällen muss eine Kombination aus mehreren Lagerungsarten gewählt werden.

Flache Lagerung

Verletzte werden gewöhnlich flach auf dem Boden gelagert. Der Boden soll eben sein. Wurzeln, Steine o. Ä. dürfen die Lage

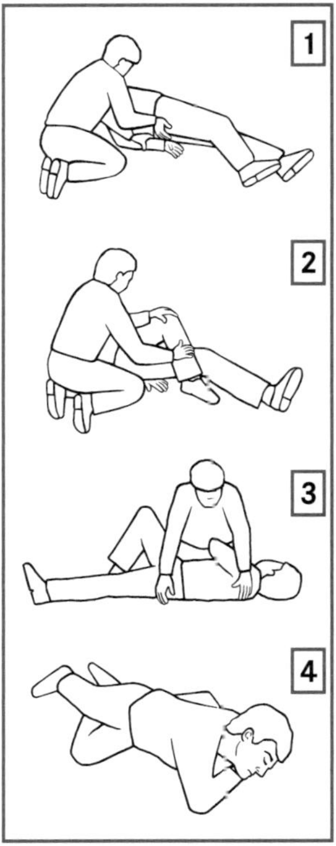

nicht beeinträchtigen. Unter den Kopf sollte ein flaches Polster geschoben werden.

Flache Lagerung nicht bei:
Kopfverletzungen, Sonnenstich, Schock, Bewusstlosigkeit, Erbrechen, Blutungen aus Mund oder Nase, Atemnot, Verletzungen am Bauch, Verletzungen der Wirbelsäule, Brustkorbverletzungen. Bei diesen Verletzungen ist eine der nachstehenden Lagerungsarten geeignet.

Stabile Seitenlage

✷ Für Personen, die bewusstlos sind, erbrechen, am Schädel verletzt sind oder aus Mund und/oder Nase bluten, zwingend notwendig. Atmung und Puls müssen stabil sein.

➤ Patienten auf den Rücken legen, sich an seine Seite knien, den Ihnen zugewandten Arm des Patienten weit unter dessen Körper schieben **(1)**

➤ Das Bein derselben Seite angewinkelt aufstellen **(2)**

➤ Hüfte und Schulter der gegenüberliegenden Seite greifen und den Patienten zu sich her rollen **(3)**

➤ Den Kopf des Patienten leicht nach hinten überstrecken, so dass der etwas geöffnete Mund zum Boden zeigt, den unten liegenden Arm nach hinten ziehen, abschließend die andere Hand unter die am Boden liegende Wange legen **(4)**

Rückenlagerung mit erhöhtem Kopf und Oberkörper

✷ Bei Personen mit rotem Kopf (Hitzschlag, Sonnenstich) sowie bei Schädelverletzungen

➤ Patienten auf den Rücken legen. Oberkörper und Kopf durch ein Polster aus Kleidungsstücken oder anderem geeignetem Material in einem Winkel von etwa 30° erhöht lagern

Rückenlagerung mit erhöhten Beinen

✷ Bei Verletzten mit Schock (aschgraues Gesicht), die aber keine Knochenbrüche der Beine oder des Beckens haben, nicht an der Wirbelsäule verletzt sind oder Verletzungen an Bauch, Brust oder Kopf aufweisen

➤ Patienten flach auf den Boden legen, Beine durch Unterschieben von zusammengerollten Kleidungsstücken etwa 30 bis 40 cm erhöht lagern, unter den Kopf ein flaches Polster legen

Rückenlagerung mit Knierolle

✷ Bei Bauchverletzungen oder Schmerzen im Bauchbereich

➤ Patienten auf den Rücken legen, Knie mit einer Rolle unterstützen; wenn möglich auch die Füße unterstützen, damit der Bauch völlig entspannt ist; unter den Kopf ein flaches Polster legen

Seitenlagerung mit angewinkelten Beinen

✷ Alternativ zur Rückenlagerung mit Knierolle bei Bauchverletzungen und -schmerzen

Lagerung mit stark erhöhtem Oberkörper und Kopf

✷ Bei Atemnot oder Lungenverletzungen

➤ **Methode 1:** Patienten in eine sitzende Stellung bringen, Beine sind ausgestreckt, der Oberkörper ist fast senkrecht aufgerichtet.; Arme zum Abstützen nach hinten nehmen

➤ **Methode 2:** Oberkörper des Patienten in einem Winkel von über 45° schräg auf dem Rücken lagern

Seitenlage mit erhöhtem Oberkörper

✷ Bei Rippenbrüchen

➤ Patienten auf die verletzte Seite legen, damit sich die Bruchstelle stabilisiert und die Atmung erleichtert wird; den Oberkörper dabei durch entsprechende Polsterung schräg lagern

Bauchlage

✱ Bei Gesichtsverletzungen oder Blutungen aus Mund und/oder Nase

➤ Patienten auf den Bauch legen, seine Arme unter dem Kopf verschränken, Kopf ruht seitlich auf den Armen – das Blut muss ungehindert abfließen können

Versorgen von Wunden

Bei Unfällen steht das Versorgen von blutenden Wunden an erster Stelle. Blutungen können je nach Stärke durch Pflaster, keimfreie Verbände, Druckverbände, Abdrücken der Wunde oder in besonders lebensbedrohenden Fällen durch Abbinden gestillt werden.

✱ Bei der Versorgung der Wunde ist darauf zu achten, dass sie nicht mit den Händen berührt und nicht ausgewaschen wird. Sie darf nur mit keimfreiem Material in Berührung kommen.

✱ Auch geringfügig blutende Verletzungen müssen behandelt werden. Jede Infektion der Wunde durch Schmutz oder andere nicht keimfreie Stoffe kann lebensbedrohende Folgen haben.

Behandeln von Wunden

Da in der Wildnis kein Arzt verfügbar ist, müssen Wunden weitergehend versorgt werden als nomalerweise, damit keine Entzündungen entstehen. Sie sollten wie folgt vorgehen:

➤ Blutungen stillen.

➤ Umgebung der Wunde reinigen – mit sauberem Wasser und einer Seife ohne chemische Zusatzstoffe (Duftstoffe).

➤ Wunde nur mit klarem Trinkwasser reinigen! Dazu die Wunde mit dem Wasser ausspülen, nicht mit einem Tuch wischen! Kleine Fremdkörper und Schmutzteilchen ausspülen.

➤ Wunde von Fremdkörpern säubern. Alle Fremdkörper, die nach dem Waschen noch in der Wunde stecken, mit einer zuvor keimfrei gemachten Pinzette entfernen. Dabei die Wunde nicht mit den Fingern berühren!

➤ Tote Gewebeteile (Hautfetzen) entfernen, am besten mit einem Skalpell (oder einem sehr scharfen Messer oder einer Hautschere). Die Geräte vor der Benutzung keimfrei machen.

➤ Tiefe Wunde nähen. Dazu gebogene Nadel, Pinzette und Nähmaterial desinfizieren. Beim Zunähen dürfen in der Wunde keine Taschen oder Lufteinschlüsse entstehen, weshalb die einzelnen Stiche bis zum Wundende geführt werden. Jeder Stich wird mit einem Chirurgenknoten verknotet.

➤ Behandeln der Wunde mit einem Antiseptikum (z.B. Betaisodona Lösung oder Salbe).

➤ Wunde steril verbinden.

➤ Wundverband zu Anfang möglichst täglich wechseln und die Wunde mit Wasser oder mit einem Antiseptikum spülen.

Stillen von Blutungen

Nasenbluten

➤ Leichtes Nasenbluten hört meist binnen kurzem von selbst auf. Dies kann durch ein kaltes Tuch im Nacken beschleunigt werden.

➤ Bei stärkeren Blutungen setzt sich der Verletzte mit dem Kopf nach vorn gebeugt hin. Das Blut muss abfließen können und darf nicht in den Rachen laufen. Der Kopf sollte mit den Händen abgestützt werden. Nacken mit einem nasskalten Tuch kühlen.

Tropfende Wunden

Hier reicht oftmals ein Heftpflaster oder ein keimfreier Verband, um die Blutung zu stillen.

Schwach fließende oder leicht spritzende Blutungen

➤ Sie können, wenn ein Verband nicht ausreicht, durch Drücken mit der Hand auf die Wunde gestillt werden. Den Druck einige Minuten lang ausüben.

➤ Blutet die Wunde weiter, einen Druckverband (Seite 167f.) anlegen. Sind Arme oder Beine betroffen und diese nicht gebrochen, sollten sie hochgelegt werden, damit so wenig Blut wie möglich zur verletzten Stelle fließen kann.

Starke spritzende Blutungen

➤ Diese Blutungen sind lebensbedrohend und müssen sofort abgedrückt werden. Den Druck ca. 5 bis 7 Minuten lang halten.

> ***Blutungen abbinden***
>
> Starke, nicht zu stillende Blutungen bedeuten höchste Lebensgefahr!
>
> • Absolvieren Sie unbedingt vor Ihrer Trekking-Tour einen Erste-Hilfe-Kurs und üben Sie das Abdrücken und Abbinden von Blutungen, bis Sie es absolut sicher beherrschen. Nur so können Sie im Notfall Leben retten!

➤ Gleichzeitig die Wunde durch einen Druckverband versorgen.
➤ Hört die Blutung so nicht auf, muss sie abgebunden werden. Es ist die letzte Maßnahme, um eine lebensgefährliche Blutung zu stillen. Sie unterbindet die Blutzufuhr zum betroffenen Glied.
➤ Etwa 1 Hand breit von der Wunde entfernt in Richtung Herz die Gliedmaße abbinden. Als Material eignen sich nur Gegenstände, die nicht in die Haut einschneiden, also mehrere Zentimeter breit sind, z.B. Dreieckstücher, breite Gürtel. Datum und Uhrzeit des Abbindens auf einem Zettel vermerken und am Verband befestigen. Ein so versorgter Verletzter muss sofort in ärztliche Behandlung.

Anlegen von Verbänden

✱ Als Verbandsmaterial dienen Heftpflaster, Mullbinden, Verbandspäckchen, Dreieckstücher, notfalls kann auch jedes andere Material genommen werden. Unbedingte Voraussetzung ist jedoch, dass das Verbandsmaterial steril ist. Jede Art von Wundinfektion muss vermieden werden.
✱ Ist der Verband nass oder schmutzig geworden oder hat sich in der Wunde eine Entzündung gebildet, muss der Verband gewechselt werden.

Verbände aus Heftpflaster

✱ Heftpflaster eignet sich als Schnellverband für kleinere oder gering blutende Wunden (Abschürfung, kleine Schnittwunde).
✱ Der Mullstreifen am Pflaster muss dabei immer größer sein als die Verletzung. Die klebenden Teile dürfen die Wunde nicht berühren.
➤ Wird das Pflaster über ein Gelenk gelegt, sollten die Klebestreifen keilförmig eingeschnitten werden, damit sie beim Aufkleben keine Falten werfen.

Wundkompresse mit Heftplaster

✱ Größere Wunden, sofern sie nicht zu stark bluten, mit Wundkompressen verbinden.
➤ Hierzu einen Teil einer Mullbinde in mehrere Lagen übereinander legen. Die Lagen müssen so groß sein, dass sie die Verletzung gut überdecken.
➤ Anschließend die Kompresse mit Heftpflasterstreifen auf der Haut befestigen.

Wundkompresse mit Wickelverband

* Für größere und stärker blutende Verletzungen

➤ Aus einer Mullbinde eine Kompresse fertigen und auf die Wunde legen. Mit einer 2. Mullbinde die Kompresse befestigen.

➤ Dazu das lose Ende der Mullbinde und die Kompresse mit einer Hand fixieren und mit der anderen Hand das aufgerollte Ende über die Wundkompresse wickeln.

➤ Reicht die Länge einer Binde nicht aus, das lose Ende der 2. Binde unter das Ende der 1. Binde schieben und beide Binden mit einer Hand so lange fixieren, bis beide durch die 2. Binde gehalten werden.

➤ Bei Verbänden an Gelenken muss darauf geachtet werden, dass sich das Gelenk nach dem Verbinden noch bewegen lässt.

➤ Das Ende der Binde entweder mit Heftpflaster befestigen oder das letzte Stück Binde einschneiden und die so entstandenen Hälften gegeneinander um den Verband legen und verknoten.

➤ Verband so fest anlegen, dass er nicht abschnürt, eine Blutstauung also vermieden, die Blutung aber gestoppt wird.

Verbandspäckchen

* Besonders für stärker blutende Wunden

* In einem Verbandspäckchen sind Kompresse und Mullbinde miteinander verbunden und alles ist steril verpackt. Dadurch kann eine Wunde schnell verbunden werden.

➤ Zum Verbinden die Verpakkung aufreißen, die Kompresse, ohne sie zu berühren, auf die Wunde legen und mit Hilfe der Mullbinde wie oben beschrieben befestigen.

Druckverband

* Bei stark blutenden Wunden kann die Blutung meist nur mit Hilfe eines Druckverbands gestillt werden.

➤ Für einen Druckverband eine dicke Kompresse aus sterilen Mullbinden fertigen, auf die Wunde legen und mit Hilfe einer anderen Binde fest auf die Wunde pressen.

➤ Als Kompresse eignet sich auch ein Verbandpäckchen, wobei das Verbandspäckchen als Ganzes, ohne Verpackung, auf die Wunde gelegt wird und mit einem 2. Verbandspäckchen oder mit einer Mullbinde fest auf die Wunde gepresst wird.

➤ Beim Anlegen eines Druckverbands darauf achten, dass der Verband fest ist, das betroffene Körperteil jedoch nicht abgebunden wird.

Verbände mit Dreieckstuch

✱ Ein Dreieckstuch ist ein Multifunktions-Verbandsmittel. Es sollte deshalb in keinem Erste-Hilfe-Satz fehlen.

✱ Mit einem Dreieckstuch können schnell und sicher Wunden an fast allen Körperstellen verbunden werden. Es eignet sich zum Verbinden des Kopfes, als Brust-, Rücken-, Schulter-, Hüft-, Hosen-, Knie-, Fuß-, Hand-, Kinn-, Stirn- und Augenverband.

✱ Die jeweiligen Wickeltechniken lernen Sie am sichersten in einem Erste-Hilfe-Kurs.

Spezielle Verletzungen

Wundinfektionen

✱ Wundinfektionen machen sich meist nach 2 bis 4 Tagen durch Röten und Anschwellen der Wunde sowie durch Schmerzen bemerkbar. Bei stärkeren Infektionen tritt Eiter aus.

➤ Eine infizierte Wunde sollte, wenn sie nicht ärztlich versorgt werden kann, mehrmals täglich mit keimfreiem (abgekochtem) Wasser gespült werden.

➤ Eiter wird ab- oder ausgespült – nicht ausdrücken!

➤ Anschließend die Wunde mit einer antiseptischen Salbe (z.B. Betaisodana) behandeln und wieder steril verbinden.

Brandverletzungen

➤ Falls Kleidungsstücke brennen, müssen diese als Erstes gelöscht werden.

➤ Verbrannte Kleidungsmaterialien vorsichtig – eventuell mit fließendem Wasser – lösen.

➤ Verbrannte Körperstellen bis der Schmerz nachlässt, mindestens jedoch 15 Minuten, mit fließendem Wasser kühlen.

➤ Brandblasen nicht öffnen!

➤ Die betroffenen Stellen mit einer sterilen Mullkompresse oder Brandwundenauflage abdecken und die Kompresse an der gesunden Haut befestigen.

Keine Hausmittel!

Brandsalben oder Hausmittel wie Öl, Mehl, Puder etc. dürfen nicht auf die Brandwunden aufgebracht werden.

➤ Bei schweren Verbrennungen muss für einen Wärmeerhalt des Verletzten gesorgt werden. Dabei dürfen Decken oder andere Materialien nicht direkt auf den Brandverletzungen liegen. Sie sollten in Form eines flachen Gewölbes über die Wunde gelegt werden.

Bisswunden

✱ Bei Bisswunden besteht die Gefahr, dass sich die Wunden durch die im Maul des Tieres befindlichen Bakterien entzünden.
➤ Um Infektionen weitgehend zu verhindern, Bisswunden sehr gründlich waschen.
➤ Kann der Verletzte nicht zügig in ärztliche Behandlung gebracht werden, sollte man ihm vorsorglich Antibiotika geben.

Marschblasen

✱ Blasen sind äußerst lästig und können die schönste Tour zur Qual werden lassen. Sie sollten deshalb frühzeitig behandelt werden.
➤ Blase und ihre Umgebung mit Wasser und Seife reinigen.
➤ Mit einer sterilisierten Nadel in die Blase von der Seite – nicht von oben – einstechen, so dass die Flüssigkeit ablaufen kann.
➤ Danach die Blase am besten mit einem speziellen Blasenpflaster verschließen.
➤ Um Infektionen zu vermeiden, sollte die Blase nicht mit unsterilisierten Gegenständen wie Messern oder Scheren geöffnet werden. Auch das immer wieder gesehene Durchziehen von Wollfäden durch die Blase hat häufig eine Entzündung zur Folge.

Versorgung von Brüchen

Bei Knochenbrüchen wird zwischen geschlossenen und offenen Brüchen unterschieden.
✱ Geschlossene Brüche haben neben dem eigentlichen Bruch keine äußeren Verletzungen.
✱ Als offene Brüche werden Knochenbrüche bezeichnet, bei denen die Haut im Bereich des Bruches verletzt ist.

Erkennungsmerkmale von Knochenbrüchen

Knochenbrüche erkennt man an folgenden Symptomen:
✱ Starke Schmerzen an einer bestimmten Knochenpartie und/oder die schmerzende Stelle ist angeschwollen.

✱ Das Glied sieht unnatürlich geformt aus und hat eine unnatürliche Lage.
✱ Das Glied lässt sich nicht normal bewegen.
✱ Das Gied ist nicht mehr richtig zu gebrauchen.

Verhaltensregeln bei Knochenbrüchen

✱ Offene Wunden vor dem Behandeln des Knochenbruchs keimfrei verbinden.
✱ Danach den gebrochenen Knochen ruhig stellen.
✱ Dabei ist Folgendes unbedingt zu beachten:
➤ Den Knochen in der für den Verletzten angenehmsten Lage ruhig stellen
➤ Die Schienen oder das Material, mit dem der Knochen ruhig gestellt werden soll, entsprechend der Stellung des Bruches anlegen
➤ Angrenzende Gelenke ebenfalls ruhig stellen
➤ Einengende Bekleidung öffnen oder auftrennen
➤ Das Material zum Stabilisieren der gebrochenen Stelle über der Kleidung anlegen
➤ Knochenbrüche sollten, sofern möglich, nur von einem Arzt eingerichtet werden.

Beispiele zur Ruhigstellung von Knochenbrüchen

Zum Ruhigstellen eines gebrochenen Knochens gibt es unterschiedliche Möglichkeiten. Sie hängen davon ab, welche Materialien zum Stabilisieren des Knochens zu Verfügung stehen. Wichtig ist, dass der Knochen so fixiert wird, dass er nicht bewegt werden kann.

Ruhigstellung eines Oberarm- oder Schlüsselbeinbruchs

➤ Als Sofortmaßnahme den betroffenen Arm durch den gesunden Arm stabilisieren
➤ Den betroffenen Arm angewinkelt mit einem Dreieckstuch ruhig stellen **(1)**
➤ Den Arm eventuell mit 2 weiteren Dreieckstüchern am Körper fixieren

1

2

Ruhigstellung eines Unterarmbruchs

➤ Den Unterarm durch eine behelfsmäßige Schiene vom Ellenbogen bis zu den Fingerspitzen fixieren

➤ Die Schiene mit Binden oder Dreieckstüchern am Arm festbinden **(2)**

➤ Den geschienten Arm angewinkelt mit einem Dreieckstuch am Körper ruhig stellen

Ruhigstellung eines Fußgelenkbruchs

➤ Den Fuß von der Sohle bis zum Knie auf beiden Seiten mit einer Schiene stabilisieren

➤ Die Schiene mit mehreren Dreieckstüchern fest am Bein fixieren

➤ Alternative: eine Decke zusamenrollen und um den Fuß herum bis zum Knie legen und mit Dreieckstüchern o.Ä. am Bein befestigen

Ruhigstellung eines Unterschenkelbruchs

➤ Das Bein beidseitig mit einer Schiene, die von der Fußsohle bis zum Schritt reichen muss, ruhig stellen

➤ Die Schienen mit mehreren Dreieckstüchern am Bein befestigen

➤ Alternative: 2 Decken zusammenrollen und rechts und links des Beines als Schienen verwenden. Die Decken ebenfalls mit Dreieckstüchern festbinden

Ruhigstellung eines Oberschenkelbruchs

➤ Den Oberschenkel an der Beinaußenseite mit einer langen Schiene, die von der Fußsohle bis unter die Achsel reicht, halten

➤ An der Beininnenseite eine Schiene, die von der Fußsohle bis hinauf zum Schritt reicht, anlegen

➤ Beide Schienen am Bein und die Außenschiene zusätzlich am Oberkörper mit mehreren Dreieckstüchern festbinden

➤ Alternative: Decken fest zusammenrollen und wie oben beschrieben als Schienen anlegen und mit mehreren Dreieckstüchern befestigen

Muskel- und Gelenkverletzungen

Verstauchungen

✱ Verstauchungen entstehen oft durch plötzliches Überdehnen des flexiblen Gewebes, das die Knochen an den Gelenken miteinander verbindet.

✱ Sie sind sehr schmerzhaft und haben gewöhnlich Schwellungen des Gelenkes zur Folge.

Erste-Hilfe-Maßnahmen

➤ Betroffenes Gelenk nicht bewegen, sondern ruhig stellen und hochlagern

➤ Gelenk kühlen, damit die Schwellung zurückgeht, und wenn möglich, mit schmerzlindernder Salbe einreiben

➤ Gelenk zum Stützen mit einer elastischen Binde umwickeln

Ausrenkungen

✱ Bei Ausrenkungen haben die Knochen in den Gelenken den Kontakt zueinander verloren.

✱ Ausrenkungen sind, vor allem bei Bewegung, sehr schmerzhaft.

✱ Es entstehen sehr schnell Schwellungen.

✱ Da mit Verkrampfungen der umliegenden Muskeln gerechnet werden muss, sollte das Gelenk so schnell wie möglich eingerenkt werden.

✱ Das Einrenken sollte man in einem Erste-Hife-Kurs lernen.

Erste-Hilfe-Maßnahmen

➤ Alle Handgriffe müssen zügig, sicher und zielstrebig durchgeführt werden.

➤ Die Knochen des Gelenkes auseinander ziehen und den ausgerenkten Knochen in Richtung seiner normalen Bewegungsrichtung drehen und ins Gelenk zurückgleiten lassen – der schmerzende Druck sollte dadurch von Blutgefäßen und Nerven genommen worden sein

➤ Überprüfen, ob keine Nerven beim Einrenken eingeklemmt worden sind und die Gliedmaßen sich normal bewegen lassen; im Zweifelsfall den schmerzhaften Vorgang wiederholen

➤ Die Schwellung kühlen

➤ Gelenk bis zur völligen Schmerzfreiheit ruhig stellen

Muskelzerrungen und Muskelprellungen

✱ Bei einer Zerrung werden die Muskelfasern durch ungewohnte Belastungen überdehnt. Sie tritt auf, wenn der Muskel im kalten Zustand stark belastet wird.

✱ Bei einer Muskelprellung werden die Muskeln durch äußere Gewalt gequetscht. Das Gewebe wird verletzt und es kommt meistens zu einem Bluterguss (blauer Fleck).

Erste-Hilfe-Maßnahmen

➤ Belastende Tätigkeit beenden

➤ Untersuchen, ob sich unter der Schwellung kein Bruch verbirgt

➤ Betroffene Stelle mit Eis, kaltem Wasser o. Ä. kühlen. Die Kühlung muss ungefähr 1 bis 3 Stunden andauern. Sie sollte alle 20 Minuten für einige Minuten unterbrochen werden. Liegt die Kühlung jedoch zu kurz an, kann ein gegenteiliger Effekt erzielt werden. Die Wunde durchblutet schneller und schwillt stärker an.

➤ Betroffenes Glied zum besseren Abschwellen hoch lagern

Hilfe bei Schock

✱ Bei Unfällen, besonders bei schweren Unfällen mit großem Blutverlust, sollte immer damit gerechnet werden, dass der Verletzte unter Schock steht. ✱ Schocksymptome müssen sehr ernst genommen werden, denn sie können zum Tod des Betroffenen führen.

✱ Ein Schock wird gewöhnlich durch ein Versagen von regulären Körper- oder Kreislauffunktionen ausgelöst.

Symptome, die einen Schock anzeigen

✱ Die Gesichtsfarbe des Verletzten ist bleich oder wirkt grau.

✱ Die Haut ist kalt und feucht.

✱ Der Verletzte hat Schweiß auf der Stirn, fröstelt und wirkt abwesend, bewusstseinsgestört.

✱ Sein Puls ist anfangs noch normal, wird schwächer und schneller, bis er kaum noch zu fühlen ist und sehr schnell schlägt.

Maßnahmen bei Schock

➤ Sofern der Schock noch keine lebensbedrohenden Merkmale zeigt, als Erstes Blutungen stillen

➤ Den Verletzten, sofern er keine Schädelverletzungen hat oder unter Atemnot leidet, auf dem Boden lagern (Kopf tief, Beine hoch)

➤ Maßnahmen zur Linderung von Schmerzen einleiten

➤ Beengende Kleidung lockern, den Verletzten zudecken (warm halten – nicht aufwärmen!) und für frische Luft sorgen

➤ Wenn es die Umstände erlauben, den Verletzten (erst nachdem sich sein Zustand wieder stabilisiert hat) vorsichtig abtransportieren

➤ Den Verletzten beruhigen, ihm Mut zusprechen, jedoch nicht durch Erwähnen seiner Verletzungen verängstigen

➤ Bei schweren Schockzuständen sich zunächst auf Wiederbelebungs- und blutstillende Maßnahmen konzentrieren

Maßnahmen zur Wiederbelebung

✱ Bei Bewusstlosen, bei denen keine Anzeichen von Atmung mehr wahrgenommen werden können, muss sofort mit einer künstlichen Beatmung begonnen werden, da ein unmittelbarer Tod durch Ersticken droht.

✱ Anzeichen für einen Atemstillstand sind ein bläulich-blasses Aussehen des Verletzten sowie keine Wahrnehmung von Atemgeräuschen oder Atembewegungen des Brustkorbs.

Mund-zu-Nase-Beatmung

➤ Patienten flach auf den Boden legen, mit dem Finger Fremdkörper oder Erbrochenes aus dem Mund entfernen (dabei seinen Kopf leicht zur Seite drehen), sich neben den Kopf knien

➤ Kopf des Patienten nach hinten überstrecken, mit Ihrem Daumen durch leichten Druck gegen seinen Unterkiefer den Mund verschließen, Ihre 2. Hand stabilisiert die Stirn (1)

➤ Tief einatmen, mit dem Mund die Nase des Patienten möglichst dicht umschließen, vorsichtig die Luft in die Nase blasen

➤ Nach jeder Beatmung den Mund wieder abheben, damit der Patient wieder ausatmen kann

➤ Beatmung ca. alle 4 Sekunden wiederholen

➤ Atmet der Patient selbstständig, ihn in die stabile Seitenlage (Seite 162) bringen

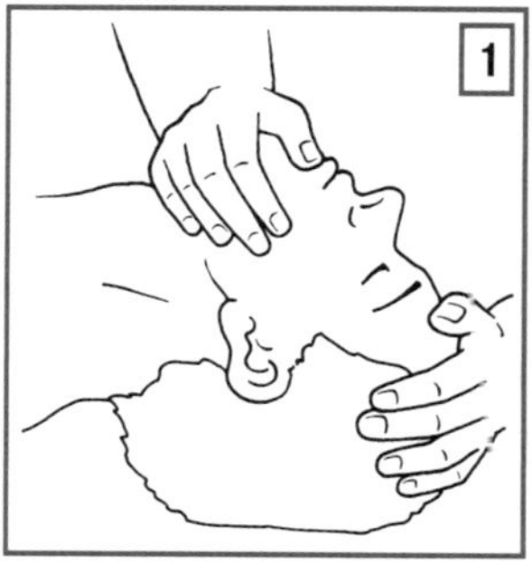

Herzdruckmassage

➤ Immer nach 5 Beatmungen den Puls des Patienten kontrollieren. Bei Pulslosigkeit muss eine Herzdruckmassage ergänzend zur Atemspende vorgenommen werden. Sie erfolgt im Wechsel mit der Beatmung.

➤ Patienten mit dem Rücken auf eine feste Unterlage legen und sich daneben in Brusthöhe knien

➤ Den Handballen Ihrer linken Hand mit nach oben abgewinkelten Fingern auf das untere Drittel des Brustbeins legen, ca. 3 Finger breit oberhalb des Brustbeinendes **(2)**

➤ Den Handballen Ihrer rechten Hand auf den linken Handrücken legen, Arme strecken, dann Ihr ganzes Körpergewicht auf die Hände verlagern und das Brustbein des Patienten kräftig nach unten drücken **(3)**

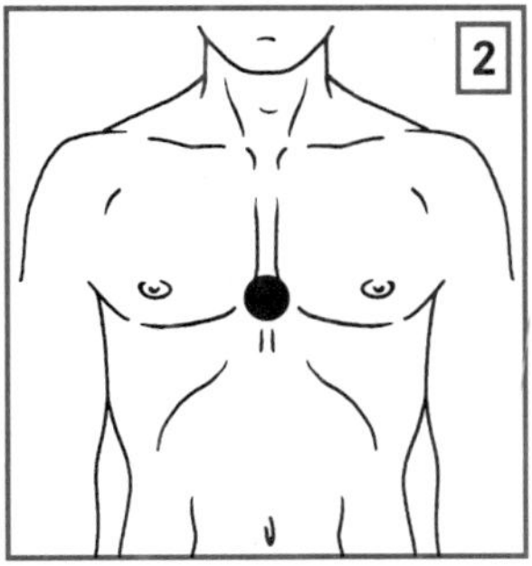

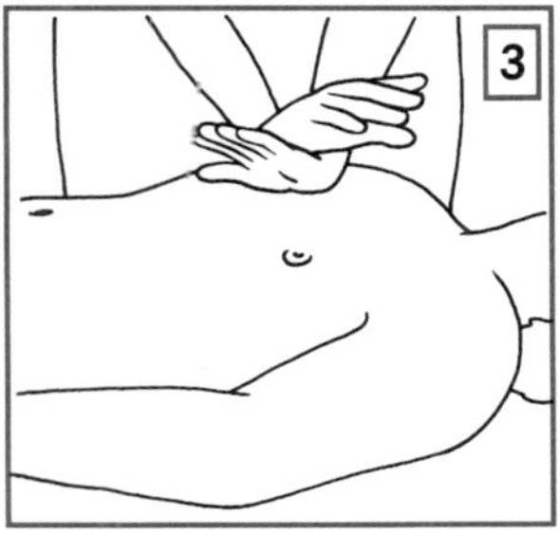

➤ 1- bis 2-mal pro Sekunde (also ca. 80-mal pro Minute) das Brustbein 4 bis 5 Zentimeter tief eindrücken, dabei darauf achten, dass Ihre Arme senkrecht zum Patientenkörper sind

➤ Nach 15 Herzmassagen jeweils 2 Atemspenden durchführen, dann wieder 15 Herzmassagen anschließen

➤ Nach 4 Zyklen Herzmassagen und Atemspenden Puls an der Halsschlagader kontrollieren

➤ Bei fehlendem Puls die Wiederbelebung fortsetzen, bei vorhandenem Puls, aber fehlender Atmung die Atemspende fortführen

➤ Setzen Puls und Atmung wieder ein, Patienten in die stabile Seitenlage (Seite 162) bringen

Hilfe bei einem Erstickungsanfall

Greift sich jemand plötzlich an den Hals, würgt, keucht oder ringt nach Atem, muss sofort gehandelt werden, da er höchstwahrscheinlich gerade einen Erstickungsanfall erleidet.

➤ **Schritt 1:** Mund des Patienten öffnen und etwaige Fremdkörper, die die Atemwege blockieren, entfernen

➤ **Schritt 2:** Wenn Schritt 1 keinen Erfolg hatte, Kopf bis unterhalb der Brust beugen und dem Patienten mehrmals mit der flachen Hand kräftig zwischen die Schulterblätter schlagen (den Patienten aber nicht verletzen)

➤ **Schritt 3:** Hat auch das nicht geholfen, sich hinter den Paatienten stellen, die Arme um seinen Bauch legen, die Hände unterhalb der Rippen verschränken und sie 4-mal kräftig und ruckartig nach oben pressen. Bleibt auch diese Maßnahme erfolglos, nochmals auf den Rücken schlagen. So oft wie nötig wiederholen.

➤ **Schritt 4:** Wird der Patient bewusstlos, ihn auf den Rücken legen,, seinen Mund auf Fremdkörper untersuchen und darauf achten, dass die Zunge die Atemwege nicht blockiert. Dann 4-mal beatmen, anschließend auf den Rücken schlagen und wie bei Schritt 3 vorgehen. Das Verfahren so lange fortsetzen, bis der Patient wieder zu sich kommt.

Das Bergen von Verletzten

Bergegriffe

Um einen Verunglückten aus einem engen Bereich, z.B. einer Höhle, zu bergen, können je nach Verletzung oder verfügbarem Platz verschiedene Bergegriffe angewandt werden.

Seitenschleifmethode

Sich hinter den Patienten legen, sich mit einem Ellenbogen auf dem Boden abstützen, mit dem anderen Arm die Brust des Patienten umfassen, dessen Oberkörper auf die eigene Brust ziehen und vorwärts robben (mit einem Bein und einem Ellenbogen nach vorne schieben).

Rückenschleifmethode

Auf den Rücken legen und den Patienten mit dem Oberkörper auf den eigenen Bauch ziehen, die Beine anwinkeln und so den Verletzten halten. Dann mit dem

Oberkörper aufrichten und sich mit den Ellenbogen vorwärts schieben.

Transportgriffe

Armtragegriff

Den Verunglückten aufrichten. Einen seiner Arme vor den Körper legen. Von hinten unter seinen Armen durchgreifen und mit beiden Händen den vor dem Bauch liegenden Arm fassen und den Patienten rückwärts ziehen.

Hüfttragesitz

Den Patienten Huckepack nehmen, unter dessen Beine fassen und ihn so tragen.

Schultertragegriff

Den Patienten mit dem Oberkörper nach unten quer über die eigenen Schultern legen. Einen Arm zwischen seinen Beinen hindurchschieben, über das herunterhängende Bein den nach vorn hängenden Arm des Verletzten greifen und vor der Brust festhalten.

Tragen mit einem Stock

Hierfür werden 2 Personen und ein kräftiger Stock benötigt. Den Patienten auf den Stock setzen, der von den Rettern waagerecht mit der Außenhand vor ihren Hüften gehalten wird. Der Patient legt seine Händen um die Nacken der Retter, während diese ihn mit der freien Hand an der Hüfte festhalten.

Tragen mit Dreieckstüchern

Hierfür sind 2 Retter erforderlich. 2 oder 3 Dreieckstücher zu einem Ring binden. Die Retter fassen den Ring mit je einer Hand an. Der Verunglückte sitzt sich auf den Ring und hält sich an den Schultern der Retter fest.

Tragen mit einer Behelfsbahre

Es werden 2 mindestens 2 m lange kräftige Stöcke und 2 bis 3 Parkas benötigt. Die Ärmel der Parkas umgekrempelt nach innen ziehen und die Parkas wie üblich verschließen. Stöcke auf jeder Seite so durch die Ärmel stecken, dass an jedem Ende Platz zum Anfassen ist.

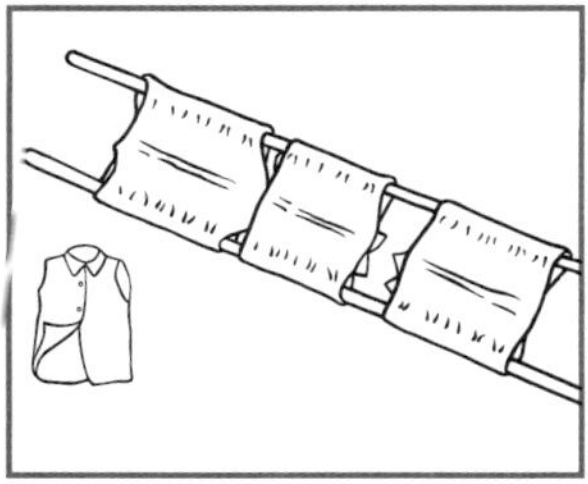

Wichtige Notsignale

Selbst bei sorgfältigster Vorbereitung und größter Umsicht während einer Trekking-Tour kann es vorkommen, dass man im Busch stecken bleibt und nicht imstande ist, aus eigener Kraft zurückzukehren. Jetzt heißt es, Maßnahmen zu ergreifen, um die Aufmerksamkeit einer Suchmannschaft auf sich zu lenken.

Signale können Leben retten

Während einer Tagestour wird eine Notsituation meist wegen einer Verletzung eintreten. Sehr leicht kann ein Motordefekt einen Vergnügungsflug innerhalb von Minuten in eine echte Überlebensherausforderung umschlagen lassen. Und wer möchte schon nach einer glücklichen Notlandung, wenn er aus dem beschädigten Flugzeug geklettert ist, in der Wildnis umkommen, nur weil er nicht weiß, wie er sich zu verhalten hat oder weil keine geeigneten Vorkehrungen getroffen worden sind?

Wann signalisieren

Es gibt eine Vielzahl von Möglichkeiten zu signalisieren, mit Hilfe von Gegenständen aus der Natur oder aus der mitgeführten Ausrüstung. Manche Mittel sind besonders geeignet, eine Suchmannschaft am Boden zu erreichen, andere werden besser oder ausschließlich aus der Luft wahrgenommen. Jeder wird selbst aus der jeweiligen Situation heraus abschätzen müssen, wann und mit welcher Art von Hilfe gerechnet werden kann.

Es ist entscheidend, weder Energie noch Signalmaterial zu verschwenden, bevor es wahrscheinlich ist, vernommen zu werden oder bevor Signale einer Suchmannschaft empfangen werden können. Vorbereitet zu sein ist jedoch überaus wichtig. Brennmaterial ist zusammenzutragen, damit es rasch entzündet werden kann, wenn Hilfe naht.

Wichtige Faktoren für die Auswahl des Signalmittels

- Ist es Tag oder Nacht?
- Ist die Landschaft von Schnee bedeckt?
- Befinde ich mich auf einer Anhöhe oder in einem Talgrund?
- Heller Rauch wird nicht viel Aufmerksamkeit erregen, wenn das Feuer unter schneebedeckten Bäumen betrieben wird.

Sich bemerkbar machen

- Die Zahl 3 ist ein allgemein anerkanntes Notsignal, das verschieden eingesetzt wird. Es ist vermutlich vom wichtigsten internationalen Notsignal, dem SOS, abgeleitet. Die Abkürzung steht für »Save Our Souls« (»Rettet unsere Seelen«); 3 Buchstaben, die im Morsealphabet durch 3 Punkte (kurz) für das S und 3 Striche (lang) für das O wiedergegeben werden, so dass das gesamte Signal lautet: kurz, kurz, kurz – lang, lang, lang – kurz, kurz, kurz.

✷ Im Funksprechverkehr der Fliegerei wird in einem Notfall das Wort MAYDAY 3-mal hintereinander gesendet, um auf sich aufmerksam zu machen, gefolgt von der Nachricht, die Einzelheiten enthält.

✷ Wird versucht, durch Handzeichen auf einen Notfall aufmerksam zu machen, müssen beide Arme in die Luft gestreckt werden. Wird nur mit einem Arm gewunken, dann versteht ein Pilot das als »alles in Ordnung« und dreht ab. Die Enttäuschung ist dann groß.

Feuer und Rauch

✷ Feuerschein und Rauchwolken sind einfache, wirksame Methoden, auf sich aufmerksam zu machen; meist steht das Material zur Verfügung. Ist Holz knapp, kann trockenes Gras oder Moos benutzt werden.

✷ Besonders bei Nacht kann ein Feuer über große Entfernungen gesehen werden. An einem Hang, kann es auch aus niedrigeren Lagen sichtbar sein, aus der Luft wird es überall aufgefasst.

✷ Ein Suchtrupp am Boden wird meist Rauchsignale eher wahrnehmen als Feuer.

Signalfeuer & Rauchsignal

➤ Beim Entfachen von Feuer ist Vorsicht geboten, damit kein Waldbrand ausgelöst wird.

➤ In einer Lichtung, in offenem Gelände oder an einer Flussbiegung werden 3 Feuer in Gang gebracht. Sie müssen so weit voneinander entfernt sein, dass sie deutlich zu unterscheiden sind. Bevor man die Feuer entzündet, muss viel Brennmaterial gesammtel werden, damit die Feuer über längere Zeit betrieben werden können.

➤ Neben jedes Feuer wird ein Haufen mit Gras, Moos, feuchtem Laub oder grünen Ästen bereitgelegt, um tagsüber Rauch zu erzeugen. Er ist weitaus besser sichtbar als Feuerschein.

➤ Ist es zu mühsam, 3 Feuer zu unterhalten, empfiehlt es sich, ein einzelnes, großes Feuer in Gang zu halten. Wenn jemand überfällig ist, wird auch ein einzelnes Feuer oder Rauch seinen Zweck erfüllen.

➤ Für ein Rauchsignal eignet sich ein nicht zu großer, einzeln stehender Nadelbaum, dessen Äste zum Boden reichen. Trockenes Brennmaterial wird unter ihn geschichtet und auf die unteren Äste nahe des Stammes gelegt. In der Nähe des Baumes wird ein Lagerfeuer ständig am Brennen gehalten.

➤ Bei Annäherung eines Flugzeugs wird das trockene Brennmaterial unter den Zweigen des Baumes entzündet.

➤ Bei der Auswahl des Baumes müssen Stärke und Richtung des Windes berücksichtigt werden, damit die Riesenfackel nicht außer Kontrolle gerät.

➤ Die Feuerplätze sollten so ausgewählt werden, dass in der Nähe ein Landeplatz für Hubschrauber liegt. Dieser Platz muss so weit von den Feuern entfernt sein, dass der Rotor diese nicht in der Landschaft verteilt. Am sinnvollsten ist es, alle Feuer bis auf eines zu löschen, sobald Gewissheit herrscht, dass man von einem Suchflugzeug entdeckt worden ist.

Zweige

✷ Besonders bei geschlossener Schneedecke eignen sich Tannenzweige hervorragend, um Sichtsignale auszulegen. Sie sind gut aus der Luft auszumachen. Je größer die Zeichen sind, umso besser ist es. Ganze Bäumchen oder große Äste bieten sich an. Ein zugefrorener See ist für solche Zeichen ideal.

✷ In den übrigen Jahreszeiten bieten geschälte Bäume auf dem dunklen Untergrund eines morastigen Ufers oder Moosbodens einen guten Kontrast. Je länger und dicker die Stämme sind, desto besser.

Signalraketen

Die kleinen, aus der Hand abgeschossenen Raketen sind bei allen Sportausstattern erhältlich und nehmen nicht viel Platz ein. Da sie nur kurze Zeit brennen, spart man sie auf, bis Fahrzeug- oder Flugzeuggeräusche zeigen, dass Hilfe naht. Beim Umgang mit diesen Geräten ist Vorsicht geboten. Um den eigenen Standort zu markieren, sind die Raketen so weit wie möglich vom Körper wegzuhalten und senkrecht nach oben abzufeuern.

Tuchmaterial

✷ Tücher oder Planen in grellen Farben sind wegen ihrer vielfältigen Anwendung Bestandteil der meisten Ausrüstungen. Sie heben sich auffällig von der Landschaft ab, ebenso bunte Zelte.

Signalspiegel

✷ Ein Spiegel ist ideal, um auf sich aufmerksam zu machen.

✷ Spezielle Signalspiegel haben in der Mitte ein kleines Loch, um das »Zielen« zu erleichtern.

➤ Spiegel mit einer Hand vor ein Auge halten, das andere zugekneifen. Mit der 2. ausgestrekkten Hand ein Stöckchen vor die Öffnung im Spiegel halten. Den Spiegel drehen, bis die Reflexion der Sonne auf der Spitze des Stöckchens sichtbar ist. Diese Zielvorrichtung jetzt schwenken, bis die Spitze des Holzes auf dem Ziel (z.B. Flugzeug) liegt. So kann der Pilot den reflektierten Strahl sehen.

➤ Hat er durch das Wackeln seiner Tragflächen zu erkennen gegeben, dass er das Signal gesehen hat, ist es zu beenden, um den Piloten nicht zu behindern.

Akustische Signale

✷ Alle Signale, die für ein Flugzeug bestimmt sind, sind visuelle Signale. Nur wenn mit einer Suchmannschaft zu Fuß oder per Fahrzeug gerechnet wird, ist es sinnvoll, Geräusche zu machen.

✷ Das wirksamste Mittel ist das Gewehr. Ein Schuss ist über Kilometer zu hören. Die ungefähre Richtung lässt sich gut bestimmen. Kurz hintereinander werden 3 Schüsse abgefeuert, nach einer Pause von 5 bis 10 Minuten wird dies wiederholt. Hat der Suchtrupp eine Schusswaffe, wird er das Signal beantworten.

✷ Wertvolle Munition soll nur verschossen werden, wenn deutliche Anzeichen auf die Nähe der Retter hinweisen. Auf keinen Fall darf sämtliche Munition verbraucht werden. Es kann gut sein, dass die Hilfe weiter entfernt ist als gedacht und Munition benötigt wird, um sich Fleisch zu beschaffen oder um wilde Tiere fern zu halten.

✷ Wanderer werden nur selten eine Schusswaffe mit sich führen. Das nächstbeste Mittel, um Lärm zu machen, ist eine Trillerpfeife. Sie hat zwar nur eine Reichweite von einigen 100 Metern, erlaubt das Unterholz jedoch nur eine Sicht von wenigen Metern, dann ist die Reichweite der Trillerpfeife recht beachtlich. Jeder in der Gruppe sollte daher eine solche Pfeife mit sich führen.

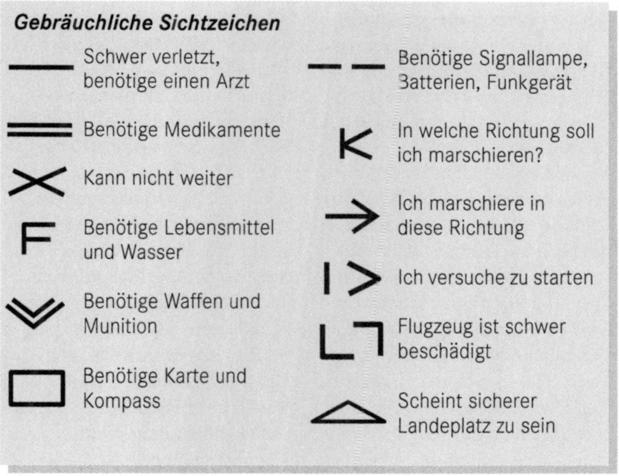

Funk

* Flugzeuge haben einen Notsender (ELT, emergency locator transmitter), der bei harter Landung oder Absturz aktiviert wird und auf einer Notfrequenz ein Dauersignal abstrahlt, das über Satellit aufgefangen und angepeilt wird. Suchflugzeuge lokalisieren den Sender. Im Cockpit ist vermerkt, wo der Notsender eingebaut ist, so dass auch ein Laie diese Box finden kann.
* Der Schalter hat 3 Positionen: Ein, Aus und Automatisch. Um sicherzustellen, dass der Sender arbeitet, sollte dieser Schalter von seiner üblichen Position (»Auto«) in die Stellung »Ein« umgelegt werden.
* Es ist wichtig, beim Flugzeug zu bleiben, denn hierher kommt die Hilfe. Ist es aus irgendwelchen Gründen notwendig, die Absturzstelle zu verlassen, so muss man eine geschriebene Notiz hinterlassen, die der Suchmannschaft anzeigt, in welche Richtung die Suche fortgesetzt werden muss. Diese Information kann einem Piloten auch durch Sichtzeichen vermittelt werden.

Bezugsadressen

Trekking-Ausrüstungen können Sie in fast jedem großen Kaufhaus mit einer gut sortierten Sportabteilung oder in großen Sportfachgeschäften kaufen. Adressen über Fachgeschäfte für Outdoor-Ausrüstungen finden Sie im Internet unter den Stichworten »Trekking-Ausrüstung« oder »Globetrotter-Ausrüstung«. Bei der Vielzahl der Anbieter, die teilweise nach Ländern und Regionen geordnet sind, finden Sie sicher ein Geschäft, das in Ihrer Nähe liegt.

Die nachstehenden Adressen sind eine willkürliche Auswahl von Ausrüstungsfachgeschäften.
✱ Globetrotter Ausrüstungen, Wilsdruffer Straße 3, 01067 Dresden
✱ Outdoor Company, Ludwigstraße 20, 09113 Chemnitz
✱ Globetrotter Ausrüstung, Bundesallee 88, 12161 Berlin
✱ Denart & Lechart GmbH, Bargkoppelstieg 12, 22145 Hamburg
✱ Sport Schrader, Herschelstraße 34, 30159 Hannover
✱ Sack & Pack – Matthias Echtermayer, Brunnenstraße 1, 40223 Düsseldorf
✱ Die Outdoor-Insider, Alte Linner Straße 79, 47829Krefeld
✱ Niesmann Outdoor, Kehrstraße 51, 56751 Polch
✱ Globetrotter Ausrüstungen, Hanauer Landstraße 11–13, 60314 Frankfurt/Main
✱ Biwak Trekking Ausrüstung, Diezer Straße 10, 65549 Limburg
✱ Därr, Theresienstraße 66, 80333 München
✱ Lauche & Maas, Alte Allee 28, 81245 München
✱ Sporthaus Schmidt, Charlottenstraße 5, 88045 Fridrichshafen
✱ Pritz Globetrotter- und Expeditionsausrüstung, Schmidgasse 17, 94032 Passau
✱ Atlas Travel Shop, Bahnhofstrasse 76, CH-3232 Ins
✱ Transa Travel & Outdoor Laden, Aeschengraben 13, CH-4051 Basel
✱ Sports Experts, Kirchengasse 6, A-1070 Wien
✱ Hervis, Europastraße 148, A-5015 Salzburg
✱ Sport Spezial GmbH, Blasius-Hüber-Straße 14, A-6020 Innsbruck

Weiterführende Literatur

* Berglund, Berndt: Leben in der Wildnis. Outdoor Handbuch Band 22. Conrad Stein Verlag, Kronshagen 2002
* Boswell, John: US Army Survival Handbuch. Pietsch Verlag, Stuttgart 1997
* Canadian Geographic Magazine, March/April, May/June, July/August 2000
* Darman, Peter: Das Survival-Handbuch der Eliteeinheiten. Pietsch Verlag, Stuttgart 2000
* Engel, Hartmut/ Kürschner, Iris: Eßbare Wildpflanzen. Outdoor Handbuch Band 5. Conrad Stein Verlag, Kronshagen
* Fry, Alan: Wilderness Survival Handbook. Toronto 1996
* Höh, Rainer: Outdoor Praxis. Reise Know-How Verlag, Bielefeld 2000
* Höh, Rainer: Wildnis Ausrüstung. Reise Know-How Verlag, Bielefeld 1999
* Jacobsen, Cliff: Knoten. Outdoor Handbuch Band 3. Conrad Stein Verlag, Kronshagen
* Karutz, Harald/ Buttlar von, Manfred: dtv-Atlas Erste Hilfe. dtv, München 1999
* König, Christian: Das große Buch vom Wetter. Ludwig Verlag, München 1999
* Linke, Wolfgang: Orientierung mit Karte, Kompaß, GPS. Busse und Seewald Verlag, Herford 2000
* Mason, Bill: Song of the Paddle. Key Porte Books, 1988
* McDougall, Len: The Complete Tracker. Lyon and Burford, 1997
* Nehberg, Rüdiger: Survival Lexikon. Kabel Verlag, Hamburg 1998
* Olsen, Larry Dean: Outdoor Survival Skills. Chicago 1990
* Pawson, Des: Das BLV Knoten-Handbuch. BLV, München 1998
* Royal Canadian Air Force: Survival Hints for the Sportsman.
* Shelton, James: Bear Encounter Survival Guide, 1994
* Werner, David: Wo es keinen Arzt gibt. Reise Know-How Verlag, Bielefeld 1999
* Wirth, Armin: Erste Hilfe unterwegs. Reise Know-How Verlag, Bielefeld 2000

Weitere Titel aus dieser Reihe:

Ob Fieber, Insektenstiche oder lästiger Schnupfen: Mit einfachen Hausmitteln können die häufigsten Beschwerden wirkungsvoll selbst behandelt werden. Neben vielen entsprechenden Rezepturen gibt es nützliche Hinweise zur Krankheitsvorbeugung und gesunden Ernährung. Plus: Extrakapitel über Sofortmaßnahmen um Notfall.

192 Seiten im robusten Flexcover, Format: 11 x 16 cm.

ISBN 3-8112-2603-7

OUTDOOR
KÜCHE
Für Kocher • Lagerfeuer • Grill
GONDROM

Produktion: Medienprojekte München
Covergestaltung: Hilden Design, München
Umschlagfoto: Craig Tuttle/CORBIS
Objekt: Archiv Hilden Design, München

011

ISBN 3-8112-2601-0

5 4 3 2 1

www.gondrom-verlag.de